写趣系列

会讲故事的人都这么讲

黄　磊　韩志鹏 ◎ 著

中国人民大学出版社
·北京·

图书在版编目（CIP）数据

会讲故事的人都这么讲 / 黄磊，韩志鹏著. -- 北京：中国人民大学出版社，2023.7
ISBN 978-7-300-31812-7

Ⅰ．①会… Ⅱ．①黄… ②韩… Ⅲ．①语言表达－通俗读物 Ⅳ．①H0-49

中国国家版本馆CIP数据核字(2023)第105048号

会讲故事的人都这么讲

黄　磊　韩志鹏　著

HUI JIANG GUSHI DE REN DOU ZHEME JIANG

出版发行	中国人民大学出版社		
社　　址	北京中关村大街31号	**邮政编码**	100080
电　　话	010-62511242（总编室）	010-62511770（质管部）	
	010-82501766（邮购部）	010-62514148（门市部）	
	010-62515195（发行公司）	010-62515275（盗版举报）	
网　　址	http://www.crup.com.cn		
经　　销	新华书店		
印　　刷	天津中印联印务有限公司		
开　　本	787 mm×1092 mm　1/32	**版　次**	2023年7月第1版
印　　张	6.5　插页1	**印　次**	2023年7月第1次印刷
字　　数	105 000	**定　价**	59.00元

如何让你的故事被他人接受

这是个问题。

开宗明义，这本书不是教科书，不是培训书，笔者写它的目的也并非期冀读者成为专业的作家、专业的编剧。当然，如果你有这样的职业规划，那么读一读它也大有裨益。我们的最终目的是要强调一个理念：讲故事，并不是一件只有专业的人来做的专业的事；讲故事，是每个人都应该会做的事。

每个人一生中都会经历无数次讲故事的场合。故事的本质其实是在叙述一件事情的前因后果，一个好的叙述会让听的人融入这个故事当中，记住这个故事中的情节和人物，会从中引发对故事的共鸣——同呼吸，共感受。最终被讲故事的人带入到情景中，被说服相信故事或相信这个故事所传达的意义。

所以，讲故事是一种说服的艺术。

在社交场合转述八卦消息，甚至是时下流行的带货，都需要用到讲故事的能力。

那么，如何"编"好一个故事呢？

我们说的"编"并不是捏造，而是编织。我们的故事，无论是真实的还是虚构的，首先要让听的人感受到这个故事是真实的、发生过的。也许故事中的事就发生在我们身边，故事中的人就是我们熟悉的人。也许你会问，那如果是奇幻故事或者仙侠鬼怪故事，那听众怎么可能认为是真实的呢？事实上，故事可以是虚构的，但情感要能打动人，要真挚。

小时候，我们会认为童话故事里的人物都是我们的朋友，他们都真实存在，那是因为我们虽然没有见过那些人物，但是他们确实让我们产生了共鸣感，他们的呼吸和我们是一致的，所以，我们记住了他们。

长大了的我们也是一样。如何让我们的故事打动对方并让对方接受呢？首先，需要你的真实和真诚；其次，需要你的故事逻辑严谨。

这些便是讲好故事的基础。

有了基础，我们如何运用讲故事的技巧呢？如何让技巧不露痕迹呢？这是一门高超的艺术，我们又该如何去训练它呢？

首先，要树立讲故事训练的自觉性。切记不要流水账一样将想讲的事件直白道出，而是要让这些事件变成精彩的故事。关于事件与故事的区别，我们后面会详细阐述。但先请大家牢记这一原则——警惕思维的懒惰。当你发现听你讲话的人的眼神渐渐迷离，注意力逐渐涣散，甚至低头刷起了手机，你要立刻意识到，是你的内容太无聊了。没有技巧的人会被迫接受并硬着头皮讲下去，但当你具备了故事思维，便能将他们的注意力重新拉回来。

现在的社会与其说处在一个信息爆炸的时代，不如说处在一个内容爆炸的时代。尤其是短视频、微博、朋友圈等各种以"简短""方便""随时记录"为名的新媒体平台普及后，每天会有大量的新闻信息、知识普及、经验分享、生活记录、情感体验涌入我们的脑海……

除去新闻和科普，大部分内容背后的本质都是故事，是信息量和情绪极度浓缩的故事。

这些故事带给我们的是新鲜感、共鸣感甚至窥探感，它们让我们感动、让我们放松，甚至让我们焦虑……

会讲故事的人都这么讲

它们最终能被大众看到，并产生强大的传播力，是因为在背后支撑它们的就是好的讲述。比如，抖音上有700多万粉丝的张彩玲，她的爆火当然有其经历独特的原因，但更多的是因为她讲的故事精彩，讲述得很有技巧；辩论节目《奇葩说》中，有用逻辑制胜的理性辩手，也有靠故事出彩的感性辩手；在脱口秀节目里，能将自己出糗、倒霉或者犯傻的故事讲得幽默风趣的选手更是不胜枚举。

当然，不是每个人都能成为网红、名人或表演者，但他们输出内容背后的逻辑我们要清楚并借鉴。我们做不到让100万人听我们讲故事，但至少可以努力做到一桌人聚餐时，我们讲的故事能吸引大部分人的注意。

在这本书中，我们会用一把"手术刀"拆分故事，让大家深入理解故事的骨骼、血肉和肌理，并结合我们的工作经验，列举大量的影视、综艺、短视频内容，帮助大家有更直观的理解。

如何让你的故事被他人接受？

就让我们从这本书开始，抽丝剥茧，对症下药，寻找解决方案吧！

目录

第 3 章　　故事的主人公

第 4 章　　讲故事的技巧

第 1 章

什么是故事

故事是过程。

对，就是这么简单。

也许你会惊讶，难道故事没有开端吗？难道故事的结局不重要吗？很多人看剧的时候都要先追问一句："这剧是好的结局还是坏的结局啊？坏的我就不看了。"你看，大家多关注结局呀。

可笔者告诉你，过程对于讲故事的人来说几乎等于全部，决定了故事内容是精彩还是干瘪，是丰富还是贫瘠……

美国著名创意写作导师罗伯特·麦基说过："故事是生活的暗喻，而生活存在于时间里。"这个时间便是过程，它不在于长短，可以是一年、十年；也可以是一天，甚至一个小时……如果我是个听众，哪怕是发生在一分钟之内的故事，我也想听这一分钟之内发生的跌宕起伏的过程，而不是直接告诉我结果。

故事是过程，我们的任务是让这个过程尽量跌宕起伏、惊心动魄。

事件与故事

为强调过程的重要性，笔者先来分析事件与故事的区别。

如果你是在晚上阅读这本书，不妨先回顾一下这一天你经历了什么？是否有可以讲述给家人听的故事？或许，你度过了平常的一天，起床，吃饭，上班，下班，休息……所有的这些日常都是事件。甚至，哪怕你在公交车上被人踩到了脚，但你们都心平气和、彼此谦让，然后分头到站下车，这也是事件。

笔者用一个经典的扩写练习来明辨"事件"与"故事"两者的关系：

　　国王死了，王后也死了。

这句话非常客观地陈述了两个事实，有开端，也有结局，但少了过程，便称不上故事。国王死了和王后死了都是"事件"，两个事件罗列在一起就成了我们常说的"流水账"。

但笔者试着将这句话稍加扩充，情况马上不一样了：

　　国王死了，王后因为悲伤也死了。

　　两件事因为因果关系被串联成了一件事，而这种陈述比刚才的客观陈述多了更多信息，也多了让人唏嘘的情绪：王后的离世是因为"悲伤"啊。这其中的关键在于"因果"。有了因果关系，事件成了"情节"。

　　情节，是故事的重要因素，它往往是一个有因果关系的事件团。诸多情节叠加就组成了故事的"过程"。

　　我们可以试着继续扩写：

　　国王死了，因此小王子继承了王位。但因为小王子尚未成年，国王留下遗嘱，让王后摄政，可王后向来不问政事，毫无经验，因此大臣们不希望王后摄政，便想方设法阻挠，成功说服一向讨厌母亲管束的调皮王子，不准王后摄政。王后失去丈夫，又被儿子嫌弃，悲伤过度去世了。

　　这个段落中，有不同因果的四个情节，每个情节环环相扣，因此它可以被称为一个故事。虽然它远远谈不上精彩，更像是一个故事的概述。

会讲故事的人都这么讲

通过这个扩写，已经足够让你明白"事件""情节"和"故事"的区别了。故事是过程，一个具有因果逻辑链条的过程；情节保证了这个过程的延宕和推进；事件则让故事血肉丰满。

请记住，因果逻辑是让事件变成情节并组成故事的重要因素。但并非所有的因果逻辑都像上面这个简单的小故事中的一样粗暴直接——前因后果相继到来，而是经过精心的结构安排，将因果分开。

在我国古典小说中，一个很重要的结构技法是"草蛇灰线"，这个技法便是前面埋下一个"因"，在故事的很后面再形成"果"。在小说《红楼梦》（若非特意说明，本书中提到的《红楼梦》均指小说）中，这样的技法比比皆是，比如晴雯被撵出大观园直至病死这个结局，就早早地在前面埋下了不同的"因"，如她"撕扇"的骄纵、她快言快语得罪贾府管家林之孝的女儿小红、她的模样和性格有些像林黛玉等，都是她为王夫人所不喜直至被撵出大观园的原因。而这些，都被作者曹雪芹一点一点、细细铺陈在前面故事的细节中，慢慢累积，最终成就了"晴雯之死"这样一个巨大的悲剧。

这样的技法在电视剧，尤其是长篇电视剧里也颇为常见。《甄嬛传》（若非特意说明，本书中提到的《甄嬛传》均指电视剧）里的欢宜香、舒痕胶等道具的运用，甄嬛与纯元皇后容貌相像等元素，都是这样在不经意间埋进去，初看之时甚至会被观众忽略，直到后面揭示了"果"，才让人恍然大悟，恨不得从头再看一遍。这样"草蛇灰线"的铺排和设计，也是很多观众不断重看《甄嬛传》的原因。

将"因"慢慢埋到前面，把"果"累积到故事的后面，能让故事更加引人入胜。接下来，笔者试着将《国王和王后》的故事用这样的方式讲一遍，看效果是不是能更好一些。

国王一向信赖王后，很多政事都要跟她商量，宰相和其他大臣虽然不满，但摄于国王威严，不敢表露。国王去世，留下遗嘱，让十几岁的王子继承王位，在王子成年以前，由王后摄政。王后承担重任，与诸位朝臣一同治国理政，配合得不错。但小王子越来越叛逆，对母亲的管束很抗拒，直至母子关系恶化。王后百思不解，调查后发现，竟是宰相鼓动王子提前亲政，并挑拨母子关系。王后试图反击，可无奈王子已无比信赖宰相，对母亲很是抵触。王后不得已让王子亲政，却眼见着他被朝臣把持，成为傀儡。王后无可奈何又深感愧对先王，郁郁寡欢，最终病逝。

看，当笔者在前面埋下了宰相对王后的不满，便让故事里的人物关系出现了张力。这种张力让大家对王后的命运有一丝担忧，可这种张力的结果不会马上展现，而是不断延宕，在其中加入别的小因果情节，将故事不断往前推进，直到最后才将这种不满的后果揭示出来。这样，读者对王后命运的关切便会一直得以延续。而这个关于国王和王后的故事才更是一个合格的故事。

不过，作为故事，它依然缺少很多东西，现在还只是一个故事骨架，几乎没有皮肉。

此节的目的是想让大家明确区分"事件""情节"和"故事"，而这个目的已经达到。关于《国王和王后》的故事，在本书后文还会出现，并逐步丰满。

此外，经过这样的扩写训练，你或许对"故事是过程"这一理念有了更直观的感受。而且，你或许已经意识到，讲故事没什么奥妙可言，我们只需动用初中的语文知识，并熟练运用，便能讲好故事。

写到这里，笔者想起小学时在语文课上经历的一件事。

那时我们刚开始学习记叙文写作，也就是讲故事。语文老师为训练我们，让我们讲述一次帮父母做家务的经历。同学们或冥思苦想，或因羞怯而不敢讲述，只有一位平常就很活跃的同学主动请缨。他说，有一次爸妈要做鸡蛋羹，让他帮忙打散鸡蛋，他不会，把两根手指杵到了鸡蛋液里。如此三言两语之后，他便哈哈大笑，乐不可支。老师和同学们则面面相觑，完全没感受到他的讲述有什么有趣之处。老师以鼓励为主，试图引导他说出更多过程和细节，但他只是重复"把手指杵到了鸡蛋里"……

笔者相信，这位同学当时遇到的情况一定很好笑，画面也深深地印在他的脑海里，只是他没能提供更多细节，如那时他多大、是否拿筷子打蛋失了手、手指伸到蛋液里时他爸妈的反应是什么、因何一家人笑成一团，如果他当时有能力将这些说清楚，我们或许会跟他一起笑，那种尴尬的场面也就不会发生了。

这件事给笔者也留下了深刻印象，使笔者充分感受到讲故事之难。要想让听众跟着自己的情绪，感受到开心、滑稽、悲

会讲故事的人都这么讲

伤或者沉思，难上加难。

故事是过程，即便给出了一个足够荒诞的结果，也依然需要过程支撑，否则便是空中楼阁。人们说，太阳底下无新事。作为影视编剧，我们也会听到很多观众评论说他们早就猜到了某部剧的结尾。若是结果论，当然无新事。大多数故事我们都能猜到这样或者那样的结局，对于影视剧来说，猜到结果也不难。新的是过程，是我们靠着一系列的因果逻辑，将事件串联成情节，再形成故事的过程，而这个过程才是让观众欲罢不能的法宝。

不 drama 无故事

这里的 drama，并非指戏剧，也不是一种电影类型，而是指戏剧性事件。韦氏词典的解释是，戏剧性是指包含着有吸引力或紧张冲突的状态、情况或一系列事件。

这个解释简单易懂。若以我们生活中的经历来谈，戏剧性就是区别于我们日常生活的那些瞬间，是我们的生活发生变调或者波折的时刻或者过程。如果你是"80 后"，应该还记得"韩剧三件宝：失忆、车祸和癌症"这一说法。这些套路因为被运用太多而被人诟病，但我们看看这三件宝，哪一件不是生活中的异常状态呢？

以上是对"戏剧性"通俗意义上的基本释义。但在"故事"领域，作为故事中不可或缺的核心组成，它有着更具针对性和指导性的概念。这些概念都直指故事的编织和内核。在这里，笔者推荐给大家一个自认为最准确且言简意赅的概括。

英国剧作家、戏剧评论家威廉·阿切尔（William Archer）

会讲故事的人都这么讲

总结道："戏剧性是夹杂着不确定性的期待。"美国迪士尼著名制片人、编剧、导演安德鲁·斯坦顿（Andrew Stanton）也曾在演讲中引用过这个概念，且非常令人信服。他的代表作有《玩具总动员》《海底总动员》《机器人总动员》《头脑特工队》等，都是故事讲得相当精彩，又充满想象力的经典动画电影。

这个概念之所以精准且简单，是因为它明确地指出了，作为一个讲故事的人，我们需要在故事中做到最基本的两件事：一是给观众／听众／读者创造期待；二是要让这种期待充满不确定性。

期待，指观众／听众／读者的期待。我们希望他们一直心怀好奇和关心，总是迫切想要知道故事接下来的走向。而我们要做的是营造并维持这种期待，可以有很多方法。

比如第一种，给故事一个充满张力的开端。所有故事的开端几乎都是主人公原来的生活被打破，或遭遇意外，或跌入低谷，或树立目标，而这种打破的强度，会直接影响我们对后续故事的期待，让我们情不自禁地发出疑问："主人公的生活会回到正轨吗？""主人公能实现目标吗？"

若是轻松的爱情故事，它往往始于一见钟情的浪漫相遇或欢喜冤家式的对抗关系，无论如何，都是主角邂逅了一个人，

第 1 章　什么是故事

他的生活改变了。但如果我们要加码，也就是增加张力，该怎么做呢？这里粗略举三种方法：

- 拉大这两个人的社会阶层；
- 给其中一个人赋予无法谈恋爱的性格特质；
- 让他们极度地讨厌彼此。

第一种，我们会想到电影《漂亮女人》（美国），那是富商和妓女的爱情故事；第二种，电视剧《来自星星的你》（韩国），人类唾液会让身为外星人的男主角晕倒，他怎么能谈恋爱呢；第三种，最典型的例子是电视剧《傲慢与偏见》（英国）里的伊丽莎白和达西，他们对彼此的初印象都相当不好，在此后的剧情中，作者在不断刻意加深这种误会。

若是具有社会意义的现实故事，它往往始于主人公因为社会、自然、他人或自身原因，遭遇了巨大的生活变故。我国著名编剧彭三源老师曾说过一个创作训练技巧：翻开报纸的社会版，随便找出一个社会新闻，将其作为故事的起点，试着进行创作。这一技巧的核心在于"起点"，我们创作的故事并非重复讲述社会新闻，而是将社会新闻当成故事的开端。俗语说"狗咬人不是新闻，人咬狗是新闻"，社会新闻往往新奇少见，

会讲故事的人都这么讲

引人注意，牵动人心。如果我们的故事开端能有如此效果，自然就会引起读者或者观众充分的期待。比如，报纸上常常登出"年纪轻轻的'都市社畜'因为工作过于忙碌而忽视身体，导致过劳死"的新闻。电视剧《去有风的地方》就化用了这样的新闻作为全剧的开端：闺蜜陈南星因工作繁忙而忽视身体，患癌去世，女主角许红豆受此触动，决定辞去工作，过另一种生活。当然，这只是讲故事的路径之一，如果我们换个角度，讲述中年失独的陈南星父母如何走出悲伤、开启新生活的故事也未尝不可；或者，我们讲一个关于劳务索赔、跟死者原公司打官司的故事也未尝不可。社会新闻本身已充分调动起读者或观众的期待，他们亟须知道事后如何。如果没有灵感，就去翻翻社会新闻吧。

此外，还有不少故事通过超越现实的强设定来引起大家的期待，比如电影《你好，李焕英》中的时间穿越和电视剧《想见你》中的灵魂穿越。这样的强设定带来了新型的人物关系：贾晓玲因为回到过去，和自己的母亲成了同龄闺蜜；而李子维宁可变成王诠胜也要与黄雨萱在一起的绝美爱情，则是魂穿带给我们的最大惊喜。当然，这些强设定往往会演变为一种叙事模型，现代人穿越到古代早已不是什么新鲜的点子，作为讲故事的人，依然要在朝代背景、故事情境和人物关系上下大功夫。

回到前面《国王和王后》的故事框架内。我们需要构建一个比之前更引人期待的开头。你们可以想自己的，笔者先做个示范。

国王和王后伉俪情深，可国王却忽然在打猎途中暴亡，死因成谜。王后一时陷入谁都不能相信的境地，却要力保还未成年的王子平安继承王位。

这比简单交代一句"国王死了"要引人入胜，王后的境遇会让人产生更大的期待。

当然，除了一个强有力的开头，故事的过程也需要将这种期待维持下去。这也有技巧可用。比如，制造观众和剧中角色的信息差，让观众比剧中角色知道更多的信息。希区柯克著名的炸弹理论说的便是这个技巧。假设四个人在打麻将，轻松闲适，心情愉悦，突然，爆炸发生！我们会感到震惊，但这种震惊只发生在爆炸发生后的几秒钟内，前面漫长的打麻将过程，我们没有任何情绪牵动；同样是四个人在打麻将，讲故事的人通过镜头或文字告诉我们，麻将桌下藏着一枚定时炸弹，

会讲故事的人都这么讲

我们的心一下子揪了起来，可打麻将的人依然轻松闲适，心情愉悦，而我们旁观者却紧张得要命，甚至他们出牌的力量过大，都会引起我们的紧张感，担心震动过强引起爆炸。可作为观众/读者，我们又期待着一个结果，它到底会不会爆炸？他们到底能不能发现炸弹？到底能不能脱身？这"夹杂着不确定的期待"延续了这段打麻将情节的整个过程，让故事的吸引力大增。

另一种方法是不断给出剧情上的承诺，这种承诺是针对观众的，引发观众的预想，但最后这种承诺往往落空，进而让观众更关心主人公的命运。电影《满江红》就多次运用这个技巧，张大等人的行动计划都预先说给了观众听，跟刘喜的交谈是这样，跟孙均的狱中交谈也是如此，观众自然会期待这些计划的结果。但张大等人的每一步计划都落了空，不断有同伴死去，敌人总是能识破他们的计谋而且更加老谋深算。跟着心焦紧张的就是观众。

所以，不要怕。让观众的期待落空，是为了促使更大期待的产生。

现在，我们可以给《国王和王后》的故事再次加码。

国王离奇死亡，王后下令调查死因，因为她觉得国王死得蹊跷，可众臣并不配合。王后见到群臣的反应，疑虑更深，她打算以王子尚未成年为由暂时摄政，这样便能手握权力寻找真相。她担心朝臣反对，细细筹划，并找到国王最信任的宰相帮助。宰相答应了，并让王后说出她的计划。可王后并不知道，宰相是最排斥王后摄政的那个人。于是，当王后第一次提出摄政愿望时，宰相率先站了出来，并带动众臣表示反对！

这样的故事线更加符合"夹杂着不确定性的期待"这一原则。即便大家都知道故事的结尾是王后离世，但这个过程也将充满着跌宕起伏的各种可能性，而非"确定性"。

戏剧性的大敌便是"确定性"——必然发生的事，没什么值得讲述的。如果我们知道谁将赢得比赛，比赛就会变得无趣，比如一场发生在中国男足和阿根廷男足之间的比赛，会让我们失去不确定性的观赛快感，只剩下分差到底会有多大的戏谑。讲故事也是如此。电影《无名》便犯了这样的错误，它试图将叶秘书的身份作为最大悬念，并做了很多笨拙的设定让观众怀疑叶秘书是个不折不扣的日本军人走狗。可费力不讨好，

会讲故事的人都这么讲

因为无论从故事本身还是谍战类型的叙事惯例，甚至从演员选择及番位排列来说，观众都知道叶秘书一定是潜伏人员。因此，观众对故事的期待便打了折扣。演员们努力献上了精湛的演技，却无法弥补这剧情上的短板。

制造"不确定"还有很多技巧。比如可以加大主角对立面（可以是某个人，也可以是某个机构、体系）的力量，强大的反派角色是让故事引人入胜的法宝。《满江红》中，以秦桧为首领的反派角色们在权势上远远强于张大等人，在智谋上也与他们势均力敌，所以才造成张大等人的计划频频受挫。另外，我们也可以用意外或巧合来硬性制造波折，当然这并不是高明的方法，比如很多年前的韩剧设定，用绝症让相爱的人天人两隔；也可以在讲述故事的节奏上做文章，在关键时刻到来之前故意中断主故事线，转而讲述与此相关甚至无关的支线故事，最后再转回主线。

最后，笔者要再次强调"夹杂着不确定性的期待"这个定义，这是戏剧性的准确定义。想想我们自己，当我们身处于类似的境遇中，一定是人生中最焦灼的时刻，比如高考等分数，面试等 offer 或项目等待最终决断……讨厌悬而未决的不确定性是人的天性，但放在故事里却会令人欲罢不能。

要达到这样的效果，笔者就需要重新提醒大家前面提过的"故事是过程"。更进一步说，故事是有戏剧性的过程。无论是"期待"还是"不确定"，都需要一定的叙事时长来展开，要在过程中挑起预期，加强观众对故事结果预测的不确定性。

除了过程，首尾真的不重要吗

如果此时笔者说，"国王死了，王后也死了"是一个故事，你是不是会觉得笔者出尔反尔？但如果你脑海里浮现出笔者跟你说这句话的时候是一个神秘兮兮的表情，或者是一个若有所思的表情，那么你大概率会产生兴趣，会让笔者把话说下去。

笔者用什么方式说这句话，只是吸引你的一方面，但真正让你感兴趣的，是这两句话中存在着天然的、无尽的想象空间。

当我们把这句话的前后两部分分别当成故事的开端和结局，那它便是一个相当好的故事基础。国王死了，王后怎么也死了呢？是殉葬？是悲伤？是被害？是久病不愈？这成功激发了我们的"八卦"心态，恨不得马上知道其中的真相。但如果笔者说"国王死了，王后成了太后"，想象空间就小了很多。因为这是顺理成章的事，而我们对于顺理成章的事会少很多期待。

读到此处你或许会抗议，因为前文明明说过，故事的结局不重要。但那是相对"过程"而言的，对于很多类型叙事（商业电影、电视剧）来说，结局的确不重要，因为多年的观看经验让我们对很多套路都比较熟悉，结尾更是在我们的猜测当中。在生活中也是如此。试想，某天你遇见笔者，非要跟笔者讲述你小时候去海水浴场玩差点被海浪卷走的惊险故事，笔者对结局没那么期待，因为你平平安安地站在笔者面前。

但结局的重要性体现在它和开头之间的落差上。

这种落差直接影响着我们有多大的空间来充分编织故事的戏剧性，落差越大，我们就越容易讲出精彩的故事。回想那些广受大家喜欢的影视剧，结局与开端之间的落差都给了创作者充分的空间，让他们可以编织出加丰富、激动人心的故事。

电视剧《琅琊榜》里，病恹恹的梅长苏以罪臣之身隐姓埋名，最终却斗倒了皇帝，不但还自家清白，也给天下清明；《知否知否应是绿肥红瘦》中，盛明兰作为最不受宠又失去生母的庶出之女，最终成为一家主母和一品诰命；《以家人之名》从不同家庭的分崩离析开始讲起，以最后几个家庭互相融合，成为虽无血缘但依然相爱相亲的大家庭结束。

很多成功人士在回顾自己的创业故事之时，总会给自己一

会讲故事的人都这么讲

个极低的起点，隐去可能存在的"外挂"，营造一种人生一路荆棘又一路高歌的样子。这样的技巧能更好地让他们变成励志典范，让普通人更认可他们的企业文化。这些故事被人们津津乐道，充满了时代大背景下波澜壮阔的传奇色彩。

中国戏曲中有很多精彩的故事，黄梅戏《女驸马》就是其中之一。在这里我们只看"为救李郎离家园，谁料皇榜中状元"短短几句唱词，就能体会其中精妙。一个"谁料"，连接了上下句的斗转，有经验的听众只听这两句，便能脑补出相当多离奇又传奇的情节。如果笔者改成"为救李郎离家园，到了都城找不见……"你对这个故事的期待就完全降低了，这就是结尾与开头落差的意义。

此外，这种落差也决定了故事的主题，即故事讲述者真正要传达的东西。

因为在戏剧性的情节反差之下，往往是主人公价值观的转变，更是讲故事的人最终要传达的观念。如果故事围绕着"一个内向的人，硬着头皮操持活动，频频受挫后最终战胜自我，圆满完成任务"而展开，这里的价值是个人成长，讲故事的人想宣扬的是人可以努力克服自身弱点，人的成长是一种收获；如果故事的首尾变成"接过学校筹办活动的任务，最后搞砸活动，找到女友"，这里的价值便是人不一定非要成长，活动不重要，人能在做自己的情况下收获爱情。

美国著名剧作教学大师罗伯特·麦基在提到场景设计时，建议将结尾价值和开篇价值做对比。他希望单个场景便可以造成主人公命运或价值观的转变。其实，放眼整个故事，我们同样需要首尾对比，这既是要求，也是技巧，是让我们更好讲故事的"帮手"。

当然，我们普通人的人生不会那么大起大落，但这并不意味着就不值得讲述，比起那些给我们带来惊叹的故事，深挖普通人的生活带给我们的感动与共鸣一样宝贵。我们这里说的结尾与开头的落差，并不是单纯指外在的情节激烈程度或者主人公人生境遇的改变、远大目标的实现等，更包含着深层的内心成长和价值观改变。在李安的电影《喜宴》中，一个保守的父亲满心希望儿子延续香火，但最后却在心中默默接受了孩子别样的情感选择。可以想象，这位父亲的内心经历了多大的一场震撼和风暴，对于个人来说，这已经是巨大的价值转变。美国影片《廊桥遗梦》里，普通的家庭主妇弗朗西斯卡过着一成不变的生活，日常围着家人转，却偶然遇到了一场突如其来的爱情。结果，主妇为了家庭放弃爱情，但临终前却希望将自己的

会讲故事的人都这么讲

骨灰撒在她和心上人一见钟情的那座桥旁……从最初的纠结、煎熬和压抑，到多年后临终前的坦诚和勇敢，她在自己的内心中走过了一条漫长的路。

我们每个人的内心都有这样一条路。我们曾经懦弱，曾经勇敢，曾经想要放弃，曾经咬牙坚持，曾经心怀嫉妒，曾经豁达放下……这些内心的旅程、性格的转变和意识的蜕变同样值得分享，是细腻而感人的故事。

即便是那些名人、伟人，在从低谷走向人生巅峰的同时，内心也同样经历着巨变。如果我们将这一层也讲述出来，那将是更精彩的故事。

如果不知道怎么开始，那就先写下故事的开头和结尾吧。但记住，留给"过程"充分的编织空间：

国王死了，几年之后，王后成了女王。

看，意外且期待。这就是武则天的故事被不断讲述的原因。

故事是交互式的情绪交流

　　如果你看过历年的维也纳金色大厅新年音乐会，便会知道它有个名场面：当乐团开始演奏经典压轴曲目《拉德斯基进行曲》时，之前很礼貌地在演奏中保持安静的现场观众，会跟着欢快喜悦的节奏鼓起掌来；而此时，一直指挥交响乐团的指挥家会转身面向观众，开始指挥观众鼓掌，充分调动观众的情绪，引导他们用正确的节奏和情绪拍手，台上台下所有人的情绪互相感染，合力为音乐会画上圆满句号。

　　演奏者和指挥家不会只沉浸在自己对音乐的感知与情绪中，而是会留意观众的反应。讲故事也是如此，展示故事中主人公的喜怒哀乐当然重要，可这不是我们讲故事的最终目的，而是手段。我们要像指挥家一样，操控、引导观众 / 读者的情绪。

　　要做到这一点，我们必须明白一个道理：我们搭建起情节的时刻也是放下情节的时刻，其后我们做的所有努力都是在挑起、展示甚至渲染一种情绪。前面，笔者对《国王和王后》的故事不断进行扩展和改写，充其量只是故事简纲而已，笔者只完成了故事最基本的骨架搭建——情节。因此，它更像一种客观的讲述，在听这个故事的时候，我们没有感受到情绪起伏。所以，我们在讲故事时，一定不要将重点放在编织一个复杂的情节上。在故事爆炸的今天，我们每天都从影视剧、小说网站、社交媒体甚至"剧本杀"桌游中，接触到各种各样的故事，单纯靠着情节的复杂和离奇很难支撑起一个故事的，这就需要我们在故事中加入情绪，并以此感染观众／读者的情绪。

让故事中的人笑不是目的，让观众笑才是目的。一段情节或者一个细节成功地让主人公笑了，只是完成了基本叙事任务，真正的叙事任务是你想让观众／读者体会到什么情绪。是让他们跟着笑，还是让他们哭？你期待的观众情绪，可以跟故事里的人相同，更可以相反，更可以衍生出新的情绪。电影《喜剧之王》中，看周星驰卖力耍宝，电影中的人表现出愤怒或者嘲笑，但我们却觉得心酸。让观众心酸才是这段情节的真正目的，而不是让我们了解尹天仇如何抢镜。说个更直观的，大家还记得《猫和老鼠》的故事吧，汤姆在跟杰瑞的较量中总是倒霉的那一个，它的焦急、沮丧、抓心挠肝和百折不挠却让我们哈哈大笑；相反，在动画片的世界观里，如果这些设计不让我们笑，反而让我们感受到紧张或不适，那才是失败的。

我们前面提到的所有技巧，就是为了"摆弄"受众的情绪。比如前述希区柯克的炸弹理论，之所以要让观众先于角色看到炸弹的存在，便是这个道理。观众的担心比角色的担心更重要，恰恰是角色的不担心才让观众更担心。电影《泰坦尼克号》能成为经典的原因之一，也在于它有一个区别于其他爱情故事的法宝：因为观众早就知道船会沉，所以杰克"幸运"地赢得船票、杰克与罗丝命运般的邂逅，给观众带来的就不是单一情绪，而是复杂的、甜蜜又夹杂着唏嘘慨叹的情感体验。两个人的情感升温越快、越热烈和纯粹，观众就越是担心灾难的来临。

在讲故事的过程中，我们会通过制造悬念或引起悬疑的方式不断"指挥"观众情绪。关于悬念和悬疑两种手法，笔者会在后面详细地给大家介绍。

"讲故事"的传统在我国源远流长，甚至影响更为深远。除传统戏曲、古典小说外，我国还产生了独特的、世界范围内都少见的一种艺术形式——评书。

一个人一张桌，一把折扇一个惊堂木，说书人单枪匹马、

会讲故事的人都这么讲

直接面对着现场的诸多听众，环境纷杂，情况多变，却要让所有人都屏息凝神听得津津有味，这可以说是讲故事的极致了。我们且先不分析评书故事的写法技巧，单单分析那场所、那形式，便明白讲故事一定是情绪的交互，说书人千万不能只沉浸在自己讲述的故事里，而是要时刻留意观众的情绪。惊堂木一拍便是告诉大家："你们要注意了，我要开始了。"然后说书人会用肢体语言、声调顿挫、表情变化等各种手段调动观众情绪，一个人演出了千军万马的气势。

对于我们普通人来说，讲故事固然可以疏解心中郁结，满足自己的表达欲和倾诉欲，但我们不能满足于此，我们要调动听故事人的感受与情感，得到情感和情绪的回馈。这一点在我们试图说服别人、安慰别人时格外有用，而这才是有效社交。

直白地说，讲故事是具有表演性的活动，有展示性特点，在构架故事、讲述故事的时候，我们处处要想的是故事进行到这里，我们要让听故事的人笑、让他们哭、让他们紧张……为此，我们可以运用一切可能的手段，跟他们的情绪做一场游戏。

相信笔者，如果是一场正在发生的社交活动，听故事的人对你的情绪回应会让你的讲述更有感染力。所以，不要沉浸在自己的讲述中，要时刻留意听故事的人，引起他们的情绪波动，进而产生共鸣，才是我们的最终目的。

在这一章里，我们从内至外探讨了什么是故事：向内，故事是一系列具有戏剧性的因果过程，为了让这个过程先声夺人、扣人心弦，我们需要给它足够的首尾落差和过程波折；向外，故事是一种情绪的交互，是故事讲述者对读者／观众的情绪影响甚至情绪控制，是双方深刻的情绪共振和情感共鸣。

从某种意义上说，故事只有被别人听到、理解并做出情感回应才最终完整。但在讲述之前，我们要做好准备。毕竟，经过这一章的阅读，我们已经了然，故事不等同于生活。生活浩如烟海，而好故事独树一帜。

第 2 章

如何构架一个故事

　　我们的生活中会有很多小情趣和小欢喜，哪怕是喝饮料中了"再来一瓶"，哪怕是连日的阴雨终于天晴，都会让我们欣喜，我们会将这些事迫不及待地分享给朋友，至少要发个微信朋友圈。这样零散的情绪碎片在生活中俯拾即是，只要我们有一颗稍显细腻的内心。但这并不够，人类不能仰仗如此细碎的情绪来支撑生活，真正让我们不断向前的是我们朦胧中所追求的更大意义和价值：成就感、幸福感、生活的道理和扎扎实实的成长。

　　人一旦上了岁数，往往时不时回顾一下自己漫长的一生。当他们回忆的时候，会试图在零散的碎片和丰富的经历之中捋出一条线，"盖棺定论"般给自己的一辈子下个结论。这是人类表达自我的本能，有朴素的故事意识，也具有初步的结构形态。

　　生活庞杂凌乱，而且往往混沌暧昧，人作为智慧生物，对生活进行提炼和总结，是本能，更是情感需求。在这种提炼和总结中，如果我们用技巧将所选素材编织成故事，在凌乱中发现规律，在随机中找到因果，在事件后总结意义，会更有助于我们得到相应的情感满足、经验累积和价值升华。因为故事本身就有这样的功能，构架故事的过程也会促使我们思考，让我们穿越生活的表象，找到人生的底色。

那么，如何构架一个故事呢？

我们先来看看故事的结构有哪些。在叙事爆炸的年代，故事结构不断被丰富着，我们看到过多重时空交叉讲述的结构，如电视剧《想见你》；也看过不断重复循环的结构，如影片《土拨鼠之日》（美国）、《罗拉快跑》（德国）和电视剧《开端》；甚至有多线交织的网状结构，比如电影《撞车》（美国和德国）。这些故事的结构都打破了传统的顺序叙事，达到了神奇的效果。可无论故事的结构如何变化，有些基本理念是不会改变的，那是决定故事之所以可以被称为"故事"的本质。

所以，我们这里只选择最简单也最普世的那个结构。在学写作文时，老师告诉我们要写清楚记叙文的起、承、转、合，这便是最简单的结构。但作为编剧，我们往往采用更简单的结构，即"三幕"结构。简言之，就是开端（第一幕）、过程（第二幕）、结尾（第三幕）。

　　在第 1 章，笔者就提到了这三个部分，以告诉大家什么是故事。也许你会说，这三个部分顾名思义，都很好理解。但当我们的目的是构架一个故事，便要往更深一步追问，如何设定开头？怎么展开过程？又怎样收尾升华呢？下面，笔者会一一讲述。

千里之行，始于足下

首先问自己一个问题："我要讲什么？"

这不是轻松随意的一问，而是深入灵魂的自问。在大多数人的日常生活里，讲故事是手段，让听故事的人认同是任务，通过故事表达价值观才是目的。

无论面试、商务应酬还是交友，如果你准备用一个故事吸引对方，不妨先问问自己："我想让对方感觉到什么？"拿面试来说，你想让面试官感受到你适应能力很强，就不能讲你组织学校大型晚会的故事，因为这凸显的是你的组织能力；如果你想让面试官感受到你应变能力很强，那就不能讲你如何拿到一等奖学金的故事，因为这只能凸显你的学习能力。

弄清自己想表达什么，这是构架故事的起点，是我们筛选故事素材的基础，也是好的开端必须明确树立的核心元素决定了那个被称为"主题"的东西。

但有一件事必须在此说明，这一章的所有内容都与故事灵感无关，触发我们讲故事灵感和冲动的契机有很多，可以是一个人、一件小事甚至一件物品。而"弄清自己要表达什么"是这种灵感和冲动产生之后要做的事，是情绪沉淀后理性思考的结果。例如，当英国女王伊丽莎白二世离世，回顾她一生的经历或许会触发我们讲故事的灵感，但冷静思考后，有些人会将注意力着眼于她恪守职责兢兢业业但又传奇精彩的一生；而有些人则会借由她思索君主制这样一个古老的制度在现代社会的适配性。而后者恰恰是英国电影《女王》和电视剧《王冠》更想表达的主题。

说回"开端"，故事的开端自然不能将"主题"穷尽，但必须要给出明确的方向。众所周知，故事的开端有一些基本信息要交代——谁、在哪里、发生了什么。这些元素都需仔细思考，是否能为主题服务？此时我们就是上帝，我们的选择和判断至关重要。

"谁"自然是主人公。在选择主人公之前，我们要追问自己："他是谁？为什么选择他作为主人公？他能承载我要讲的主题吗？"如果我们要讲一个励志故事，在选择主人公时就必须围绕着这一点进行思考，选择身上有励志经历的人。因此，在这个主题下，俞敏洪肯定要比王思聪更合适；如果我们要讲述一个人凭借聪明才智触底反弹的逆袭人生，罗永浩无疑是比特朗普更好的主角人选。

如果主人公和创作者想要表达的主题不适配，故事就会显得牵强、不自然，难以让观众／读者产生共鸣。拿电视剧《如懿传》来说，这本是一部制作精心、演员表演精湛的电视剧，但主创人员一直在强调这部剧要讲的是"帝王夫妇的婚姻围城"。在后续的播出中，也有很多宣传稿出来，说这是一出探讨中年夫妻婚姻围城的剧。但笔者却认为，用一个清宫故事，选择古代的皇帝和皇后作为主角，承载这样的主题是非常牵强的，因为帝后关系并非常规夫妻关系，在古代强大的中央集权制度之下，两人的关系完全不平等，甚至都不是一对一，情况极其特殊。在这样的背景下，皇帝和皇后面临的"婚姻挑战"也与普通夫妻截然不同，自然没办法直接、精准地表达出主题。最终，这部剧呈现出一种割裂感，其他的妃子的戏份都围绕在钩心斗角上，类型直接鲜明；如懿这条线却在不争不抢中，试图探讨更幽微、细腻的情感，如懿"一人一次心"的婚姻理想和"兰因絮果"的惨痛现实虽然动人，但如同空中楼阁，没有现实的土壤。后宫纷争线不断扰乱帝后感情线，而帝后感情线相对饱满的刻画，结合周迅精湛的演绎，又让其他角色的后宫纷争线显得苍白而脸谱化，两条线没有达到一加一大于二的效果。

相反，用新东方的原型人物，讲述筚路蓝缕的创业励志故事（《中国合伙人》）；用伊丽莎白二世探讨一位伟大人物和陈旧制度之间的张力（《王冠》）；用一个岌岌可危的贵族家庭，讲述英国社会步入 20 世纪、走向现代化的自我调适（《唐顿庄园》）都是相当合适的。回到我们第 1 章反复使用的《国王与王后》的故事，如果笔者想表达女性同样能在政治上有所建树、同样能成长为政治家，那王后便是当之无愧的主角，故事主线便是一个没有政治经验的女性走入政治前台，匡扶幼主稳定朝局的故事；如果笔者想表达残酷的政治能让人由热诚无忧变得狠辣冷酷，那少年皇子便是好的主角人选，故事的主线便是双亲离世的少年皇子失去本应属于自己的皇位，在危机重重的政治斗争中活下来并成为一代权臣。前者，是孝庄的故事；后者，则是多尔衮的故事。电视剧《孝庄秘史》则是将这两个故事结合了起来。

主人公绝非我们随便选择的，哪怕是主人公选择了我们（即他是我们灵感的触发，是我们讲故事的原动力），我们也要清楚，他到底哪方面触动了我们：那是他和我们的思想与情感搭上线的那一刻，那是我们非要将他的故事讲述出来的理由。

选对了主人公只是开始，我们还要继续丰满他。事实上，我们需要用整个故事来丰满主人公，但在故事的开端阶段，我们必须要回到第二个问题——在哪里。"在哪里"是一种概括，它指主人公的生活背景，更意指主人公现在所处的人生阶段。

要体现这一点，关键是建立主人公的生活日常。他的穿衣风格、饮食习惯和生活环境等都是怎样的？他日常的通勤状态、作息时间和生活规律又是如何？他的人际关系呢？这些都需要我们想得一清二楚。其中，最应该突出的日常便是与"主题"相关的内容。这个过程不需要太长，有时一两句话便能概括，放在影视剧中，一两场戏即可。比如在电视剧《狂飙》中，展现高启强的日常只需一场菜市场卖鱼的戏，他的社会阶层与日常处境就非常鲜明了。而在小说《红楼梦》中，很多人物如林黛玉、贾宝玉等，都在"冷子兴演说荣国府"中介绍过。但对王熙凤介绍不多，所以便由林黛玉进贾府专门引出王熙凤：只见她大笑喧哗着走来，衣着华丽，八面玲珑，逗得贾母喜笑颜开。就这一场戏，王熙凤在贾府中的特殊地位得以展现，而这就是她的日常状态，也体现了她当时在贾府炙手可热的人生阶段。我们小时候听过很多童话，都是以"从前有某个小朋友，跟家人幸福地生活在某处"为开头，这也是一种简单、粗暴的日常，手法都是相同的。在影视剧的剧本写作中，为了加快叙事节奏，很多时候这种日常不需要面面俱到，甚至不需要特意展示，而是通过服装、化妆、道具和场景等来展现。但作为编剧，我们必须对主人公的日常了解得清清楚楚，笔下的人物才能生动逼真。讲故事也要尽量如此，我们可以不讲出主人公所有的日常，但他一定在我们的头脑中是一个完整的形象，这样，他说出的话才不会是用我们的口吻说出的话。塑造角色的问题至关重要，本书后文将单独开设一章来讲如何塑造人物。

交代"日常"状态，是为了引出接下来的"反常"。我们就必须问出第三个问题——主人公发生了什么事？这件事一定不能再是日常事件，如同在平静的水面中投入石子引起涟漪，这件事也要在主人公的生活中引起涟漪，甚至都不够，它要掀起滔天巨浪。这在我们电影剧本写作中有一个专业名词，叫作"激励事件"（inciting incident），它是给主人公制造核心阻碍并推动后续故事展开的事件。请注意，是"核心阻碍"，必须直接跟我们的"主题"有关。还是以《国王和王后》的故事举例，如果笔者的主题是要表现女性政治家的成长，"国王去世，王子年幼"便是一个很好的激励事件，因为王后必须独自面对动荡的朝局；可在同样的主题下，笔者若将激励事件改成"国王要废后"，则无法很好地表现这个主题，它会把大家的期待引向国王和王后的感情上，大家会期待王后如何保住后位或跟国王重归旧好。所以，这个激励事件一定要跟主题息息相关。

当角色设定稳住的时候，激励事件的选择至关重要，这是让剧本有足够动力进行下去的基础。为了更好地理解这一点，大家可以仔细看一看情景喜剧，拿最经典的《我爱我家》这部连续剧来说，经过前几集主创们充分稳住了每个角色的特点后，编剧只需不断往里丢"激励事件"，就能不断创造出故事，比如《亲家母到俺家》单元，讲述的是和平女士的母亲临时住到老傅家引发的一系列事件，表达了应互相尊重生活习惯的主题；而《捕鼠记》单元，则是由一只老鼠引发的混乱，"出现老鼠"便是激励事件，但裹入了流动红旗等设定，表达了诚实与虚荣这类的主题。对于长篇电视剧来说，因为篇幅过长，一个激励事件很难统摄全篇，有时需要在故事进行途中替换激励事件。《甄嬛传》中，甄嬛第一次入宫是因为选秀；第二次入宫，激励事件则是她认为果郡王已死，必须"给腹中胎儿以合法身份来告慰果郡王"。

当然，大多数故事的激励事件就是一个，而且通过上面的例子可以看出，激励事件起码具备两个功能：一是给故事情节的推进提供源源不断的动力，这就需要激励事件足够强大；二是为故事的主题表达打下基础，这就需要激励事件足够准确。

同时，通过上面的例子，我们还能发现激励事件有第三个重要功能：引出反派。首先要澄清，这里的"反派"只是为了交流方便而采用的代号，以便于大家理解，并不代表善恶，它指代的是站在主角的对立面，给主角带来阻碍或混乱的人。在故事中，主人公的对立面往往不是恶人。比如，有时候父母会成为子女恋爱路上的阻力和"反派"，但他们绝非恶人、恶意，大家不要狭隘地理解"反派"这个角色。依然拿《我爱我家之亲家母到俺家》举例，激励事件是由亲家母带进来的，亲家母成了这个单元的反派，反派同样需要我们好好构想。在《我爱我家之捕鼠记》中，干脆让一只神龙见首不见尾的老鼠成了反派。对，反派甚至可以不是人，可以是动物（如美国影片《侏罗纪公园》），可以是灾难（如美国影片《后天》），可以是事故（如电影《紧急迫降》《中国机长》）等。反派，代表着和主人公截然相反的价值，必须给主人公造成麻烦、阻力或者巨大危机。编织主角和反派的人物关系，也是构架故事必须要做的事，要在故事开端打下基础。

故事的开端往往篇幅不长，却非常重要，它就像我们的大脑，统率着身体的各个部位。在故事的开端，我们生成了故事的灵魂，长出了故事的脊柱，为故事发展提供了充分的动力。

这只是我们的故事"呱呱坠地"的时刻。接下来，我们一同将它带大。

路漫漫其修远兮

　　"开端"之后便是"过程"，这是故事的第二幕，是笔者在第 1 章一直强调的至关重要的部分，也是故事篇幅最长的一部分，是故事的躯干。

　　在构架这部分之前，我们依然要问自己几个问题："在激励事件发生后，主人公是怎么应对的？采取了哪些行动？这些行动要达到什么目的？为什么这些行动没有成功？对于暂时的失败，主人公又是如何处理的？这种处理，为什么不但没有达到正效果，反而产生了更严重的后果？"

　　结合第 1 章的内容，我们很容易发现，这些问题内部有着严密的因果联系，是用一连串戏剧性的情节组合起来的，而且还有升级。它们串联起了第二幕的骨架，我们要做的就是让这些骨架长出肉来、丰满起来。在激励事件发生之后，主人公会产生一个目标，"过程"就是让主人公不断要实现这个目标但却因为反派的阻碍不断落空的过程。

会讲故事的人都这么讲

但此时，我们要改变思路，不能用线性思维顺序写下去了，因为这往往会将我们的故事带入一个不可预知的方向。在第一幕时，笔者对大家没有这种担心，第一幕的特性决定我们必须宏观构想，想清楚主题以及主人公遇到的阻力如何体现主题，并且要对结局有想法。但进入第二幕，很多人会陷入懒惰的怪圈，以流水账一般的顺序一件事接着一件事写下去。虽然这些事件也有因果关系，但就是平庸无聊，甚至会慢慢偏离主题。不但如此，我们还可能陷入细节的权衡，哪怕一个微不足道的小设计也会琢磨很久。可我们要知道，第二幕有无数个这样的细节，我们必须抽身，放眼更宏观的部分。请谨记，结构先行。

中间这漫长的故事过程必须再细分成不同段落，具体有几段取决于我们最初对故事的构想和激励事件的推动力。而区分这些段落的情节，笔者称其为"关键节点"。在案头工作中，关键节点必须用文字或者图片的形式在情节线上标注。但要强调的是，仅仅标注还远远不够，我们必须想清楚关键节点的内容："是什么样的冲突？主人公究竟遭遇了怎样的挫败？因为什么导致了挫败？"想得越清楚，前面的事儿就越容易写清晰。回想这些年重播率非常高的电视剧《甄嬛传》，我们能很清晰地想到甄嬛遭遇到的几个重大挫折，这几个挫折作为关键节点，撑起了这部剧中间漫长的叙事和甄嬛传奇的经历。

第一个关键节点是，甄嬛被陷害，误穿纯元皇后旧衣，让她喊出"这几年的情爱与时光，究竟是错付了"，这是她爱情理想的失落，从此以后她对皇帝心灰意冷，最终出宫；第二个关键节点是，她在腹中已有胎儿的情况下误以为果郡王已死，爱情理想再度破灭，为保全孩子，她决定回宫；而最大的关键节点在第二幕的结尾，甄嬛不得不接下毒死果郡王的任务，果郡王自饮毒酒身亡，至此甄嬛堕入灵魂暗夜，但也决心彻底报复。

以上分析，有几点需要注意。

1. 重要节点的选择应选主人公遭受挫折的时候，而不是选择主人公成功的时候。例如，扳倒华妃虽然在甄嬛的经历中很重要，也是她人生中的重要节点，但对剧作结构来说，这个节点的级别要次于她对皇帝失望和爱情理想的幻灭。

2. 重要节点需要牢牢扣在主题上，并想清楚金句台词和名场面等细节，只有这样才能指导前面的剧情铺陈。甄嬛在全剧的第一大挫折是她发现自己只是纯元皇后的替代品，所以前面的细节中，编剧在处处铺陈甄嬛和纯元皇后的相似，拿她与纯元皇后比较。而幕后反派大 boss 皇后，则充分利用这一点，一招诛心。正因为有明确的关键节点，前面所有角色的行为和剧情走向才会凝聚而准确。

3. 关键节点的冲突必须一级强于一级，这样才能充分吸引观众的注意力，否则观众很容易在漫长的过程中失去耐心。第一个关键节点，甄嬛认清了皇帝，对其心死，此时的她虽然悲痛欲绝，观众也对她分外心疼，可因为观众早知皇帝绝非良配，果郡王才是更适合她的谦谦君子，所以这个冲突强度尚可。第二个关键节点，本已跟果郡王过上幸福生活的甄嬛忽然得知爱人死在边疆的消息，因为果郡王是观众心头认可的与甄嬛相匹配的意中人，所以这个节点会更让观众揪心。当然，也有聪明或者预先看过小说的观众知道，此时的果郡王并没有死，但这也无妨，因为这部分观众看的就是这种错位，是他明明还活着，她却以为他死了的造化弄人，依然揪心。第三个关键节点，甄嬛要亲手毒死自己最爱的人，而这个爱人非但理解她的所为，更为了不让她为难，率先饮下毒酒。这是何等的虐心，在这一场漫长的戏里，观众为他们的爱情悲剧而尽情哭泣，更为两人至死不渝的爱情唏嘘不已。这是冲突最大的一个节点，这个节点直接将甄嬛拉入至暗时刻，但也让甄嬛毫无顾忌开启了复仇之路。

正是因为打好了这几个关键节点，整部《甄嬛传》虽然人物众多，情节复杂，线索和伏笔不断，但铺排有序，杂而不乱，气质统一。

所以，我们在构架故事的时候，必须有这样的意识，将这些关键节点牢牢钉住，然后往前倒着推情节：为什么走到这一步？为了让主人公走到这一步，反派做了什么？主人公哪里出现了失误……总之，不断向上一步追问自己，不断从一个"结果"推导出"原因"，直至第二幕开始。切记切记，这部分的故事一定不是顺着写下来的，必须一个阶段一个阶段倒推，从第二幕结尾的至暗时刻倒推前一个关键节点，再往前倒推至上一个关键节点，以此类推，直至激励事件。如果忽略了这样的结构方式，只顾埋头顺着往下写，初学者要么会写偏，根本不知道方向在哪里；要么会将大量冗余无效的情节堆积上去，造成主线不清晰，主题不明确。

通过以上分析，我们发现整个第二幕就是：主人公行动，失败；主人公再行动，看似成功却最终失败；主人公再次行动，迎来最大失败。在此过程中，情节和冲突不断升级，剧

会讲故事的人都这么讲

情激烈程度一直上扬，可主人公的情绪却从一开始的积极应对，走向迷茫困惑直至最深的挫败。情节波动朝上，情绪波动向下。

请读者在头脑中还原这两个曲线，情节激烈程度不断波动上扬，而主人公的情绪激烈程度一直波动向下。即便在当下最受大家推崇的一些所谓"爽文""爽剧"中，主人公虽然所向披靡，但他并不快乐，而是舍弃了内心深处更珍视的东西，他是亢奋的，但他不是快乐的，更谈不上幸福。只有这样设计，我们的目标——观众情绪，才会一直波动上扬，达到最紧张的状态。还是那句话，一切都是为了观众情绪，他们的情绪平静了，那故事就没有吸引力了。所以不要怕，不要怕给你的主人公制造一重又一重的困境，不要怕让你的主人公陷入绝望。正所谓"不经一番寒彻骨，哪得梅花扑鼻香"，我们只有让主人公陷入绝望，才能让他释放出更多的能量。

即便主人公是你自己，你也必须要想那些让你最绝望的时刻，然后一步步往前推：你为什么会堕入这样的绝望境地？你做错了什么？是性格弱点，是懒惰，还是最简单、最直接的意外？哪些人或者哪些事成了你的阻力？你为什么会败下阵来？一步步往前推着构架故事，然后把故事顺序讲述下来，这样才精彩。

同时，在构架这一部分的时候也不要忘记：我们服务于观众情绪。当我们打下一个关键节点，主人公在这个关键节点失败，那前面的剧情我们顺理成章推到失败则是不对的，观众会没有期待。我们必须要保证，此节点往前的情节是主人公眼看就要成功。下面，笔者还以《甄嬛传》为例加以说明。

在甄嬛的努力下，华妃自杀下线，甄嬛除去劲敌，又深得皇帝信任，炙手可热如日中天，她以为她所求圆满，观众也是如此，可转头便遭到陷害。

《满江红》也是如此。

张大和瑶琴周密计划，瑶琴自告奋勇，伪装被抓以身涉险要刺杀秦桧，眼看着就要成功，却在关键时刻功亏一篑，张大和瑶琴也因此陷入了更大的危机。

唯有如此，观众的情绪才像坐了过山车一般，起伏跌宕，紧张不已。在这样一系列紧张的对抗之后，主人公到达命运最低点，但此时他已没有回头路，只能触底反弹，迎向反派带来的最大阻力!

也因此,我们就有充分的动力进入"结局",也就是故事的第三幕。

人生如逆旅，我亦是行人

如前面所说，结局是应该动笔之前就想好的。很难想象，一则故事已经写到了最后一幕，创作者还不知道结局是什么。但结局不仅仅指主人公的最后归宿，还包括故事中一个相当重要的部分——大高潮。

所以，我们依然要问自己一些问题："最大的危机是什么？如果主人公失败，他将失去他最珍视的东西，那又是什么呢？最终他是如何触底反弹成功脱困的？整件事结束后，主人公的生活有什么变化吗？这个故事的寓意是什么？"

第一个问题是关于大高潮。首先，我们必须确定大高潮要以什么样的方式呈现，这是主人公遭遇的最大危机，稍有闪失，他所坚守的一切都将消失殆尽，他和反派终极对抗，涉及双方所代表的全部信念、能力和价值观的冲突。

大高潮可以选择以热闹喧嚣的方式呈现，充满了激动人心的力量。比如《满江红》，孤身一人的孙均经过打斗将秦桧拿下，逼着他在全军将士面前背诵《满江红》。再比如影片《国王的演讲》（英国）中，英国国王乔治六世在他的语言治疗师罗格先生的陪同下，战胜了内心的怯懦，成功完成了直播的演讲，鼓舞了全民的气势。

同样，大高潮也可以是深沉而安静的。在电影《女王》中，英国女王伊丽莎白二世因为坚持不对威尔士王妃戴安娜的去世表态，引发民众和首相班底的不满，她在第三幕中面临的危机是巨大的，不光是君主制岌岌可危，更大的危机是她深深的自我怀疑，她清楚地感受到时代的变化，对自己所坚信的一切都不那么笃定，那头被猎杀砍头的雄鹿便是她的隐喻。高潮来临，她被迫接受首相安排，向戴安娜之死表态，她回到白金汉宫，仔细看着宫门外悼念戴安娜王妃的留言，那些留言直接表达出对王室的不满与否定，甚至认为王室手上沾着戴安娜的血。这些文字如此残酷，让女王产生锥心之痛，冷静如她几乎无法控制表情，但她不得不小心翼翼地走向了民众，直面他们。回想她之前的坚持，可以想见这一幕对她来说是多么屈辱而艰难，直到一个手捧鲜花的小女孩出现，女王问小女孩，是否需要她帮忙将花送到悼念处，小女孩拒绝了，女王脸上表现出尴尬、痛苦和无措，但小女孩紧接着说，这花是献给女王的，女王感动释怀。至此，高潮结束。这段戏是沉静细腻的，平静如水之下是女王百转千回的内心情绪，她在这段戏中完成了与民众从对立到和解的过程，也最终与向时代和民众妥协的自己和解。

高潮戏既可以是主人公内心的风暴，可以是主人公最后的奋力一搏，也可以是主人公与大反派的最终一战，形态各异，但无论如何，观众体会到的情绪和情感浓度，应该是最高的，这一点毋庸置疑。从这个角度看，大高潮同样是针对观众情绪体验而言的。

我们讲故事的时候，可能无法借助活动画面的帮助，只能通过语言和文字来表达，因此对高潮的处理更要细腻到位，将最浓厚的、最打动人的情感传递出来。但这样也有个好处，在影视创作中，很多人误以为高潮必定场面宏大、热闹非凡，殊不知有些戏场面虽大，视听效果拉满，但并非戏剧性的高潮；当我们不依赖视听语言，只依靠文字和语言来构思故事时，我们比较不容易混淆，会更清晰地知道哪里才是故事的高潮所在，那是令听众唏嘘不已的时刻，是让读者从椅子上忍不住站起来的段落，是他们的情绪跟随着故事情节走向最紧张、最饱满或最感动的时刻。

会讲故事的人都这么讲

　　同样倒推，在大高潮到来前我们让主人公做出的选择至关重要，这直接体现了他所承载的价值观，也是故事最终传达的主题。《满江红》里，孙均选择完成张大遗志，不杀秦桧，反而让他亲口背诵《满江红》（此处不谈历史真实，只谈电影呈现，特此说明），可见孙均的价值选择和电影的主题表达；《国王的演讲》中，乔治六世选择低头请回原来的语言治疗师，说明他将这次能鼓舞人民士气的演讲看得很重，无须计较个人颜面；《女王》中，伊丽莎白二世选择向首相和国民低头，强化了电影君主制需走向现代、在夹缝中生存的主题。高潮必须是主人公主动选择的结果，他要么直面自己的内心，要么直面外部的困境，要么战胜一直以来的弱点完成蜕变，这是主人公遍体鳞伤的荣誉时刻，是人生逆旅中豁然开朗的瞬间。

　　高潮落幕后，我们便迎来了故事的结局，主人公将在这里收获幸福、取得成长或者哪怕重新回到生活的常态。但这个人，终究有些不一样了，这种不同也体现出故事的主题。

　　《国王的演讲》中，最后走出演讲室的不再是那个自卑又脾气大的男人，而是一个充满自信的国王；《女王》中，伊丽莎白二世敞开心胸，开始试着跟首相布莱尔谈起君主制在时代变迁下的处境和自己的困惑；而《甄嬛传》里，甄嬛好不容易除掉皇帝，却迎来了新皇登基，这位号称她儿子的皇帝戒心更强，甄嬛小心翼翼的宫中生活必须持续下去，插翅难逃，这是对宫廷生活的控诉，对封建体制的批判，是封建时代女性命运的挽歌，贵为太后，依旧可怜。

　　这些故事的结尾，无一不深深表达出了创作者的想法，体现了故事的"主题"。

你或许需要第二条故事线

有时候，我们也会尝试编制复杂的故事，那便需要第二条甚至第三条故事线。

要理解这个也不难，观众们常常吐槽国产连续剧中的职场剧不好看，因为最后都会变成恋爱剧。笔者对这种现象倒是比较体谅，这些剧往往从项目之初的定位就是恋爱剧，职场线要为恋爱线服务。电视剧《请叫我总监》就是如此，虽然剧中女主角的职场线戏份很多，做得也竭尽专业，但最终是为她和男主角的爱情关系服务。电影《人生大事》里，主线是莫三妹和武小文从对立到不是亲人胜似亲人的关系，至于莫三妹是否能从父亲处继承店铺以及她的殡葬事业的发展都是副线，服务于莫三妹和武小文关系的一步步拉近。

再拿《甄嬛传》举例，笔者前面总结了这部剧三次关键节点的大挫折，有人也许会提出不同意见，认为淳贵人和沈眉庄之死也是甄嬛的关键节点。的确，这两件事对甄嬛非常重要，可是在讲故事尤其是讲复杂故事的时候，我们必须明白故事线和冲突是分层级的，甄嬛所求从来就不是后位，争斗只是手段，所以甄嬛与华妃、淳贵人、沈眉庄甚至皇后等人的关系，次要于甄嬛与皇帝和果郡王的关系。在争斗和位分晋升这条路上，甄嬛从未绝望，她最绝望的时刻都源自情感的幻灭。

如果我们要设定第二条故事线，它就要能清晰地为主线服务，而不是喧宾夺主。请记住，关键节点只能是主线情节。

综上所述，构架故事的注意事项都在此章，要一步步追问自己才能顺利展开写作。同时，要记得反推。

我们以《甄嬛传》为模型，模拟一下创作过程，让大家更直观地感受这些方法的运用。

我们拿到题材，要写一部清宫戏，以女性为主角的雍正后宫故事，还牵涉一个王爷。首先要思量主题，面对这个题材的作品，歌颂和赞扬显然是不合适的，必须批判封建制度对女性的残害。所以，我们首先确定主题：宫廷的残酷，造就一个女子显赫却悲凉的一生，是批判性和悲剧性的。好，那怎么能让普通观众对她更同情或更有代入感呢？自然是毁掉女主人公的爱情理想和她原本纯真的自我，但她的人不能被毁灭，人活着可心死了才够悲剧，永远所求非所愿。因此，女主人公必须在权势上达到顶峰，戏剧性的极致便是她主导除掉皇帝；再往前，她为什么必须杀掉皇帝？因为皇帝逼着她亲手杀死情人，自己除掉真爱，这样戏剧性才足够，她必须被推到这一步；好，再往前，她要有足够的空间跟这位王爷产生感情，在宫廷里是不够的，而且作为主角，她要有较少的"道德瑕疵"，她不能脚踩两船，所以只能心死之后出宫。她的心死一定是脱胎换骨般的，王爷才是救赎。如何让她彻底心死？之前一定是刻骨铭心爱过、付出过，她对皇帝的爱必须是真的，否则心死就是假的，她要在一众女子中脱颖而出与皇帝两情相悦，那时的她不懂，或者贪心了，忘记了皇帝不可能和别人两情相悦。她的错付必须有个明确的表现，好，那就让她是一个替代品，是皇帝心心念念原配的替代品……

确定了故事类型（大女主类型）、主题（一个花季女子的爱情与人生失落之旅）、人物关系以及开头和结尾后，就这样一路倒推，每个节点往前都有很多可能性达到此点，可我们必须选择戏剧性最强的那一个。

平日里，我们需要讲的故事要么关于自己，要么关于身边其他人与物，这些故事往往已经实际发生，不需要我们发挥想象凭空虚构，但方法和原理同样适用，依然是想好开头和结局，定好大高潮和关键节点，再往里填肉。

即便是《甄嬛传》这样长达 70 多集的长篇电视剧，我们也能总结出开端（不想入宫却偏偏入选）、过程（一路追寻爱情理想，首先寄托于皇帝，后与果郡王两情相悦，直至破灭）和结局（主导杀死皇帝，完成复仇，却也永远失去了自己）。

因为这是故事的最简结构，是我们搭建故事框架的基本公式。说来简单，可若想把每个部分都做到充分到位，则需要熟练而反复的练习。构思故事，就是不断追问自己，向自己提出挑战的过程，在前面笔者列数了每个阶段要问自己的问题，若你手头上有想要构思的故事，不妨一个一个自问，如有卡壳，则需进一步构思。不要拿起笔就写，构思的过程往往更加费时间。当然，如果你有严重拖延症则另当别论，笔者会告诉你，没有完美的结构，不要再想了，请你，现在，迅速拿起笔，开始写吧！

第 3 章

故事的主人公

随着时间流逝，人们终将忘记故事，但会记住角色。

诚如第 2 章所述，故事为了最大限度地调动观众 / 读者的情绪，往往结构复杂、事件密集、细节繁多，这也使得它容易被遗忘。回想童年时看过的童话书或者电视剧，内容几乎已经忘光，唯有经典角色被我们记住。多年后，现在的孩子也会记得喜羊羊、灰太狼和光头强，但具体的故事情节怕是早就忘了，或者只记个大概。

而主人公是所有角色的核心，也承载着观众 / 读者最多的情感投射。诚然，我们有各种方式让故事充满吸引力，但一个鲜活、生动的主人公绝对是不可或缺的。

故事面前人人平等

有人很幸运，见多识广，走南闯北遇到过形形色色的人，这样的人在社交场合讲起故事信手拈来，因为素材本身已足够精彩。而大多数人生活平静，圈子狭窄，好像身边的人都跟自己很熟悉，没什么新鲜感了，连讲个身边人的八卦都想不出来。若需要讲个自己的故事更是难上加难，觉得自己所有的事都不新鲜。但这也无妨，有的主人公有原型，比如那些值得被拍成传记片、值得被写成传记小说的知名人士，他们的生活本就丰富多彩、震撼人心；有的主人公则需要我们在平平无奇中提炼特点，一个人就是一个宇宙，内心中有着无穷的光彩。

说到底，故事要通过主人公的命运来满足人们的某种情感需求。人们对故事的渴望如此旺盛，因为我们总希望在故事中体会到不同的情感。有时候我们需要奇观带给我们惊叹，英雄往往有这样的能力；有时候我们需要猎奇来满足我们的窥探欲，边缘人常有这样的效果；有时候我们甚至需要看到特别滑稽的人各种倒霉来满足我们的优越感，从憨豆先生身上我们就能获得满足；而更多的时候，我们需要看到像我们一样的普通人的故事，需要共情，需要找到同类，需要看到同类们如何励志、如何躺平、如何被困难打败又如何打败困难。

中央电视台《东方时空》栏目的"百姓故事"版块就曾以"讲述老百姓自己的故事"为口号，努力践行，深入人心。如今是自媒体发达的时代，人人都能成为自己自媒体的主角，而每个人因为生活经历、经济条件和受教育程度等各有不同，也有着不同的认知和视野，一个人习以为常的事，在另一个人眼中便是有趣的。

笔者在某知名自媒体平台上看到有用户说自己没坐过飞机，希望有人能出坐飞机攻略，于是就有人拍了如何坐飞机出行的全流程视频做介绍，观看的人还真不少。坐飞机对很多人来说已属日常，很多以产出日常生活内容为主的短视频博主不会当回事，但真的拍出来还是有很多人看，毕竟还有很多人没坐过飞机。

所以，不要吝于以自己为主角进行分享，只要我们的分享遵循着第 2 章的结构方式，有着一以贯之的主题表达即可。分享是讲故事的第一步。如果你总能分享得幽默搞笑，那就可以去脱口秀小剧场的开放麦试一试，那里是普通人的舞台。在脱口秀领域，大家从不讲述自己辉煌的成功经历，而是专门挑那些出糗、尴尬的瞬间，即便是显摆自己的成就，也是为了之后的尴尬际遇做铺垫。敢于自嘲、敢于将自己的痛苦时刻做喜剧化的加工，是赢得好感、拉近与人距离的好方法。如果要去讲自己的成就和壮举，那便去 TED 演讲，在那里大家分享成功人士的励志故事，获得知识以及严肃的、理性的甚至崇高的满足感。

故事面前人人平等。经过加工和构思，任何主人公都可能以独特的面貌带着观众走入故事，他代表着我们那双渴望精彩情节的眼睛，以及我们的好奇心。

拿出聊八卦的劲头写人物

不要手下留情，要穷其所有！我们在聊别人八卦的时候，那刨根问底的态度若用在写故事的劲头上，简直让人感动。

追星的伙伴可以再想想，某知名星二代"塌房"（爆出负面新闻）时，网友们是如何从他的家世背景聊到他的圈内资源，又如何从他的家庭教育聊到他的艺德表现，还从他不温不火的影响力聊到他迫不及待想红的欲望。在关注八卦时，大家都清清楚楚、条分缕析、有理有据，把一个人聊得"晶莹剔透"！

八卦聊的就是这些，聊着聊着就能勾勒出一个人的形象。通过上面的聊天议题，我们能窥见塑造主人公的诀窍——三个层次，它们分别是主人公的外在形象、社会背景和内在心理。

设计一个主人公，这三个层次尽量要想得全面而周到，仿佛你在他的人生中真实存在过一般，直到他在你的脑海里栩栩如生。在童话故事、寓言故事或卡通故事里，主人公不一定都是人类，也可以是植物、动物、机器人、玩具等，但它们一定是高度拟人化了的，原理相同。

外在形象很好理解，不展开解释，但要记得，在设计得尽量全面的同时，也要做到重点突出。比如我们一提起林黛玉，便是弱柳扶风的身姿，这说明她瘦且虚弱，突出一个"病"字；而提到薛宝钗，我们会想起丰腴，她被贾宝玉比作杨贵妃，面若银盘，玉臂丰腴雪白，如此是为与林黛玉做对比。在想清楚整体形象的基础上，要突出的重点一定要跟主人公在故事中的功能和主要性格有关。《红楼梦》中，林黛玉承担着跟贾宝玉撑起全书感情主线的功能，所以她要有"含情目"；而王熙凤因其在书中的管家孙媳妇身份与泼辣性格，则被赋予了"一双丹凤三角眼、两弯柳叶吊梢眉"，这些五官特点与人物性格及身份息息相关，要突出强调。这在当下的网文写作中也很常见，霸总有霸总的固定长相和气质，所谓"傻白甜"女主角也有类似的类型气质。除了长相和行为方式，道具也同样要体现角色性格，比如诸葛亮的羽扇、黑旋风李逵的两柄板斧和霹雳火秦明的狼牙烽火棒，无不精准概括了角色特性。

第二个需要我们仔细设计的层次，是主人公的社会背景，包括性别、出身、阶层、家世、工作环境和国籍等各种元素。

从小家境优渥、养尊处优长大的人，与出身贫寒、靠自己努力打拼获得美好生活的人相比，在为人处世的方式和世界观上必定不同。角色的社会背景也会影响外在形象，公务员和在外企工作的人穿衣风格截然不同，行为举止也颇有分别。大家应该都记得"局里局气"这个网络热词，说的就是在体制内工作的一类男性所具有的严肃、沉稳的衣着特征和气质特点。电视剧《狂飙》中，高启强的形象变化最能体现他社会背景的改变；而剧中的警察、扫黑督导官员和犯罪集团内部不同的人，其形象差异也很鲜明。主人公的社会背景更是会影响他们的行为和认知，比如《红楼梦》第 57 回，史湘云捡到一张当票，认作"账篇子"，当新鲜玩意儿拿着四下问，黛玉也不认得，只有宝钗一把接了当票，并认出是邢岫烟的，便赶紧收了，还娴熟而专业地遮掩说是"一张死了没用的，不知那年勾了账的"。这样的言行差异，体现了几位姑娘的出身家世：林黛玉出身书宦世家，父亲林如海是前科探花，来贾府也是养尊处优在深宅大院，自然不识得；史湘云虽父母早亡，在史家的生活也并不容易，可毕竟是侯爵家的小姐，也不认识当票；唯有皇商家庭出身的宝钗，一眼就认出当票，言谈之中还能感觉出对此物相当熟悉。史湘云和林黛玉不但不知，在了解当票为何之后，还对此做出了包含着价值观的点评"原来为此，人也太会想钱了……"。这样一个小细节的设定，不但将薛宝钗和林黛玉、史湘云因家庭背景造成的视野、阅历甚至价值观的差异写得清清楚楚，更侧面展现了薛宝钗在家中的生活状态。从小失去父亲、哥哥又不着调的薛宝钗，一定没少帮忙打理家事甚至家中生意。整部小说，从未正面展现她的这一面，但我们完全可以推测出她的能干与操持，这也形成了她比其他小姐更务实的性格。

至于心理层面，则需要我们更细致地去琢磨。要想精准设定角色的内心世界，我们必须给主人公构建前史。所谓前史，是指主人公从小到大与他人格主基调相关的所有经历，这些经历不一定出现在故事中，但作为构思故事的人必须清楚，并让这些前史以隐蔽的方式影响当下的故事，我们要去找寻、设计主人公从小到大的关键时刻，究竟哪些遭遇影响了他现在的性格。在影视编剧进行创作的时候，"原生家庭"会成为一个高频词汇，主人公从小在什么样的家庭环境中长大，父母给她创造了怎样的家庭氛围都至关重要。当然，这只是最基础的工作，人的成长是非常复杂的过程，会受到大大小小诸多因素的影响，我们在思考这个问题的时候，要避免过于直接的因果逻辑，比如"他童年一直被父母管得太严，所以长大后放飞自我走向犯罪"这样的论断。这样的话往往隐藏着刻板印象，我们要做的是揭示成长的复杂性，而非让成长变得如此简单。此外，我们必须充分理解主人公的欲望、野心、道德观甚至性格缺陷等，这些都是他内在的一部分。

为方便大家理解，我们将主人公的塑造分成三个层次。可事实上，这三个层次彼此影响，浑然天成，主人公要带着他全部的过去和生活世界的所有信息来到我们面前。如果你讲述的故事的主人公是自己，更不要抗拒去深挖，因为这是难得的机会，塑造主人公的过程成了深刻理解自己的过程，是让自己对自身产生深刻认知并客观反思的过程。从这个意义上来说，讲故事的思考有助于大家沉静而理性地将自己当成一个客体去看，这会产生不一样的效果，说不定很多事就因此释怀了。

同时，我们一定不要过度保护主人公，他的性格一定有优点也有缺点，而且往往缺点才是他让人记住的地方。在这一点上，分析情景喜剧的人物塑造就相当直观。还是以非常经典的情景喜剧《我爱我家》为例：老傅放不下领导的架子，爱虚荣；和平则咋咋呼呼、不修边幅，沉醉于家长里短，在这个干部家庭略显市井；而贾志国有着常年在机关工作的谨小慎微，本分之中透着鸡贼；至于贾志新，俨然这个家里的逆子，没正经工作，吊儿郎当混日子。这些人物生动形象，跟观众没有距离感，反而是最完美的大学生贾小凡让人印象不深。

前面的内容里，我们分别提到了《甄嬛传》和《如懿传》，从故事的完整度和精彩性来说，前者好于后者；但从人物塑造的角度，如懿这个角色倒不比甄嬛差。甄嬛是个比较完美的人物形象，不但生得年轻美貌，还琴棋书画样样精通，心思细腻、有勇有谋，更是博古通今、能言善辩，这样优秀的人远非常人所能及，一路扶摇直上并不为过。然而，她的人生困境在于，需要渐渐放下心中美好，融入后宫的尔虞我诈。但如懿则没有那么完美，剧中从未对她的样貌有过超出众人的评价，更没有对她的才情过于渲染，面对后宫险恶和夫妻离心，她如同很多普通人一样，虽做出努力但收效甚微。她是笨拙又执拗的，一点点让自己放弃，让自己死心。但如懿坚守住了内心的善良，没有害过人（当然，道德上的完美也是让她被一部分观众诟病的原因），也从始至终坚守住了自己对夫妻情感的执着，不曾放下。如懿不完美，从不游刃有余，对生活和境遇的无力感却戳中了很多人的心。

不要怕给主人公贴标签

很多讲写作的书会告诉读者，不要给主人公贴标签，要让这个人物丰满、立体、生动形象。但笔者不这么看，笔者想告诉大家的是，生活中我们最好不要给人贴标签，但在故事创作中为了创作方便，贴标签不失为一种简单有效的方法。

让我们想想中国传统戏曲里的行当分类：生、旦、净、丑，就是给角色"贴标签"的典范。戏曲的舞台假定性更强，环境、布景等都是写意和写实的结合，对观众的想象力和观看习惯都提出了要求。因为如此，创作者更需要在极短时间内向台下观众传递更多的消息，唱词必须凝练精准，动作也一定要简练准确。在这样的情况下，不费时费力交代人物就成了要求之一。而这些行当的明确分类，形成了艺术惯例，连服装、化妆都有着鲜明的类型区分，是从外到内的一套程式，完全符合我们前面说的"主人公的三个层次"，这样设定，只要角儿一出场，观众看扮相就知道其年龄身份和大致性格了。拿大家熟悉的旦角儿来说，又可细分为青衣、花旦、武旦、刀马旦、老旦等角色，每一种一说出来，我们对角色的身份性格就知道的八九不离十了。拿青衣和花旦来说，青衣多指端庄娴静的女子，其性格或是刚烈的，或是严肃贤惠的，主要是贤妻良母的身份，功能上以唱为主；而花旦则多指活泼、泼辣的中青年女性，更加浪漫开朗，很多正值妙龄，表演上除了唱还有说的成分。再比如净角儿，我们俗称花脸，脸的画法和气质都有明确的指向（黑脸、老脸、奸白脸），每种脸谱都代表不同的年龄、身份、性格甚至道德表征。

当然，简单地将中国传统戏曲的这些行当细分说成"贴标签"并不完全准确，中国戏曲博大精深，这些范式的形成有着深厚的历史和文化积淀。但故事何尝不是如此呢？远古时代，人们喜欢听价值观简单、正反派分明的故事，是好是坏、是忠是奸都要清清楚楚。后来，我们慢慢不满足于这样的主人公，于是开始出现了更纯粹的、更有艺术性的叙事文学作品，也出现了更复杂的主人公形象。小说《活着》中的福贵就是这样一个人物，他有坏的一面，有愚昧的一面，有坚韧的一面，有辛酸的一面。人生况味，往往五味杂陈；人性幽微，谁能洞若观火？这正是文学创作要探讨的事，也是我们要塑造的主人公。

现在，我们先从基础做起。不要一开始就试图刻画多么复杂的人性，所有的深入都建立在掌握并熟练运用基本技法的基础上。

所以，不要怕给你的主人公贴上标签，因为你并不负责展现他的整个人生，你的故事只能展现出他人生的一个方面。

常有人批评后宫剧，说皇帝怎么能总在后宫跟一帮后妃在一起，家长里短。这样的批评完全不用理会，它忽略了故事的类型和关注焦点，这本身就是一部后宫剧，而不是"某某皇帝传"，创作者没必要展现皇帝的完整人生，事实上也没人能这么做。即便经典如《红楼梦》我们也会发现，贾宝玉虽然在园子里和众姐妹们相处的时间很多，但他依然在外面有一个男性交友圈，北静王、冯紫英、卫若兰和陈也俊等这类王公贵族、世家子弟都和贾宝玉关系匪浅，他们也一定常来常往，经常吃酒玩乐。若真的盘起贾宝玉在达官显贵公子哥中的关系网，那也是了不得的，但作者并不太展现这些，因为这些对《红楼梦》这个故事来讲并不重要。所以，我们就记住了贾宝玉爱在女人堆里厮混、偷吃女孩嘴上胭脂的形象。

脱口秀演员们常常给自己贴标签，比如鸟鸟，她有两个标签，一个是"北大硕士"，一个是"超级社恐的人"。"北大硕士"并非主打，只是随口提起而已，因为这离普通人太远；而

会讲故事的人都这么讲

"社恐"是弱点，更容易让大家共情，所以鸟鸟的很多段子都围绕着"社恐"这个标签来做，效果非常好。再比如赵晓卉，"车企车间工人"这个形象标签也让她迅速被大家记住。当然，这些标签一定要跟她们本身的表演风格相契合，比如鸟鸟慢条斯理，但善于抖出一些冷幽默，很好地契合了她局促紧张的台风；赵晓卉勇于自嘲，乐观向上，活脱脱一个新时代充满干劲的产业工人形象。

至于在《水浒传》《红楼梦》等这种人物众多的长篇小说中，给人物贴标签更是司空见惯。《水浒传》中的一百单八将各个有绰号，其中"及时雨""智多星""黑旋风""母夜叉"等都深入人心。这些绰号，有的概括性格，有的突出武器，有的展现特殊技能，但都形象生动，让人物跃然纸上。《红楼梦》里，"二木头""呆霸王""凤辣子"等绰号一下子将人物最大的性格特点概括出来，准确直接；而且，故事中关于迎春、薛蟠和王熙凤的情节也都深深体现了这些绰号所传达出的个性。

回想前面《国王和王后》的故事，我们要表达什么主题也就可以给人物贴相应的标签。如果我们要表现女性政治家的杰出作用，那可以给王后贴上"贤德"的标签，给大臣贴上"老狐狸"的标签，给小王子贴上"小白兔"的标签，这便是一个太后匡扶幼子稳住朝局的故事；如果我们的主人公是小王子，那可以把王后贴上"放荡"的标签（更现代和尊重的说法是"诚实面对自己的欲望"），给大臣贴上"弄臣""男宠"的标签，而小王子的标签则是"一代雄主"。这个故事大家也很熟悉，它恰恰是关于秦始皇嬴政、吕不韦和嬴政母亲赵姬的故事。

我们选定一个主人公，一定是他某方面的特质感动了我们，或者因为他更能体现我们故事的主题。所以，给主人公贴标签非但不是错的，还能让我们的故事更准确。比如，你想表达"家暴只有零次和 N 次之分，必须对家暴零容忍"这样的主题，那你故事中选择的主人公完全可以贴个"渣男"的标签。你可以对等着听你故事的朋友们说，我给你们讲个频繁家暴的大渣男的故事！这样的标签贴出，绝对会吸引大家的眼球。虽然，你所讲的这个人在父母眼中可能是个好儿子、在单位也是名好员工，外人都觉得他老实本分……是，他是个负责任的人、是个立体的人，甚至因有童年创伤才家暴，可你就是给他贴"渣男"标签，这有何不可呢？你只截取他这一面展现而已。

社会上有各种各样的标签，这些标签是人们为了社交和表达方便创造出来的，当然也加深了刻板印象。我赞同大家给主

会讲故事的人都这么讲

人公贴标签，并非鼓励大家加深刻板印象，有些标签本身充满
着暧昧性，有更多讨论的余地。

以"凤凰男"为例，很长一段时间大家对这个标签下的
人特别不友好，我们可以只当它是个身份标签，即从农村考
出来在城市打拼的男性，但它背后所背负的文化贬义则是我
们需要注意的。人性复杂，不是所有这样的男性都有着相通的
特质。

所以，贴标签还有一个好处——反标签。我们的故事也
是可以反标签化的，比如电影《霸王别姬》，都说"婊子无情，
戏子无义"，但它偏偏写了有情有义的程蝶衣和菊仙。

总之，标签不是限制我们的工具，我们可以利用它，可以
反对它；标签也不应阻止我们对主人公的深入设计和探究。就
像形容人性格的冰山理论一样，我们在构思人物时应该把人物
构思成一整座冰山，但最终展现的却可能只是浮在水面上的那
一小部分，这一小部分就包括"标签"，而这却可能是主人公
人性中最闪光的那一部分。

行为选择凸显人物性格

对于主人公的塑造，我们可以用很多手段。前面提到了"标签"，实际上，标签还包括很多元素，可以是道具，也可以是台词。经典的台词金句通过不断重复会被人记住，人们一说起来就浮现出角色。比如华妃的"贱人就是矫情"、阿星的"做人如果没梦想，那和咸鱼有什么区别"、杰克的"你跳，我也跳"等，或体现角色性格，或传递角色梦想，和角色紧紧贴合成为一体。

除了这些细节抓手之外，要在故事中成功而有效地塑造主人公，最主要的方式还是通过他的行动，尤其是事情（阻力、障碍）发生后他的反应，主人公反应的行为方式是其性格的全面体现。这是源于日常生活经验，比如平日里我们看到路上常有汽车发生剐蹭等小事故，有的人很冷静地向保险公司报案，有的人则不知所措，有的人却翻脸跟对方吵起架来，不同的反应体现不同的人物性格。在故事构思的时候尤其要如此，切忌千人一面。

会讲故事的人都这么讲

在故事里，我们选择的主人公往往要有出人意料的反应。热播剧《狂飙》中，年轻的安欣极富同情心，当高启强的弟弟、妹妹在除夕夜来公安局探望接受讯问的哥哥并带来饺子时，安欣冒着违反纪律的风险，将饺子拿给高启强。这是他独特的人物性格，是年轻警察才有的柔软。这种柔软也有可能被利用。在另一部展现公安生活的优秀电视剧《警察荣誉》中，夏洁因为心软而被一位女犯罪嫌疑人欺骗，相信了嫌疑人的无辜，险些给里外串供提供了便利。

人物性格从来不是说出来的，也不是仅仅靠贴标签就能完成的，更要辐射到角色的所有行为和语言中。

电视剧《警察荣誉》中，派出所一下来了四位新警察，他们之中有烈士的女儿夏洁，有北大高才生杨树，有成绩倒数但脑子灵活的"搭头"李大为，还有来自农村、没有任何背景、一心追求上进的赵继伟。这四个人，从形体到说话方式，再到行为方式都有特别明显的区别，是非常出色的角色塑造，大家可以去看看，加以学习。

同样在电视剧《知否知否应是绿肥红瘦》中，盛家有那么多孩子，如兰、明兰、墨兰各个不同，她们的正庶出身份、教养方式和生活境遇，全部反映在长大后的每个角色身上，截然不同。就拿"选婿"这件事来说，墨兰虽为妾室所生，但心高气傲，一心高嫁，为嫁入伯爵府竟频频使出昏着儿，最终闹得不可收拾；如兰为嫡女，养尊处优，有母亲庇佑，无忧无虑，心思单纯，所以她只求两情相悦，丝毫没想把婚姻当成人生进阶的工具，最后选了读书出身的老实人文炎敬；明兰头脑清晰，思维开阔，务实而谨慎，自知不能高攀，所以拒绝齐国公家的公子齐衡，最终嫁给名声一般、已有两个孩子可为人忠厚的顾廷烨。人物的性格存在于他们的选择之中，说什么不重要，做什么才是本质。

　　说到选择，在主人公身上我们必须构筑"两难选择"，这才是有效、有力的塑造角色的方法。那些二元对立的选择，比如"善和恶""好和坏""生路或死路"等都是没有意义的情境构建，不会真正造成主人公的纠结。如果主人公的基调是个好人，他在关键时刻必然选择善和好。所以，我们要构建两难选择，让主人公在"一种善和另一种善"中选择，在"一种恶和另一种恶"之间徘徊。

　　电影《唐山大地震》中，一块板子压着两个孩子，保儿子还是保女儿是母亲面临的最撕心裂肺的选择，这个选择开启了后面的故事和母亲愧疚的一生。电视剧《人世间》中，选择哪个孩子下乡，同样也是李素华和周志刚面临的两难选择。生活中的处境没有那么戏剧化，可也足够让我们纠结。考研还是工作？各有利弊；跳槽还是继续留在原公司，也有好有坏；留在大城市还是回到故乡，没有明确的好坏，都充满了未知……这是我们生活的本质。笔者一直强调在故事中构筑情节冲突，也一直强调反派的存在，并不是让主人公在绝对善恶之中选择，好的冲突一定具有两难性，如果选择一方会导致显而易见的毁灭后果，那这个选择又有什么意义呢？

所有的选择，都要有代价；所有的选择，都不容易。我们做出任何选择，生命中都会失去一些其他的可能性，这是生活给我们的难题，也是故事中应该展现的难题。只有在这样的一个个选择中，主人公的性格才能得以突显，人物才能跃然纸上。

故事源于生活，是生活的镜子，生活处处是让我们矛盾的地方。哪怕今晚吃什么，在美味和减肥之间我们都要纠结一下，是我们自己的选择造就了今天的我们。将这个原理用在故事中吧，想一下，我们以及我们的主人公是如何一步一步成为今天这个样子的。

最初的梦想是主人公的原始动力

我国近代美学和文学思想家王国维先生认为，古今之成大事业、大学问者，必经过三种之境界。"昨夜西风凋碧树。独上高楼，望尽天涯路"，此第一境也；"衣带渐宽终不悔，为伊消得人憔悴"，此第二境也；"众里寻他千百度，蓦然回首，那人却在，灯火阑珊处"，此第三境也。

这三个境界，刚巧完美对应了前文提到的"开端""过程""结局"三幕式结构。落实到主人公身上，也刚好能勾勒出他们在故事中的发展轨迹。

"昨夜西风凋碧树。独上高楼，望尽天涯路"：我们的主人公平静的生活被打破，他必须做出改变，树立一个目标。这个目标，是反派来临给他的刺激、也有可能是他内心的平衡被打破让他生出的雄心壮志，或是他早已休眠却被重新激活的理想。国王死了，王后可以是被迫走上女政治家之路；也有可能是她本身就有满满的权力欲望，国王的死刚好是一个机会。

树立这一目标非常重要，这是主人公此后所有行为的驱动力。

在美国电影《律政俏佳人》中，女主角艾丽·伍兹因为自己是金发碧眼的美国西岸女孩（在美国人的刻板印象里，这样的女孩往往是拜金肤浅的花瓶）而被想要从政的男朋友甩掉，她的男朋友即将去哈佛大学法学院求学。艾丽痛定思痛，决心考进哈佛大学法学院追回男友。这就是她的目标，是她此后行为的动力。她很快开始努力复习备考，终于如愿并决定继续好好表现赢回男友的心。

很多人以为《甄嬛传》的故事是单纯描写后宫斗争，其实不然。

甄嬛在入宫之前入庙许愿，在祈求选秀落选的同时，她还许了一个相当重要又非常不切实际的愿望：希望嫁给世间最好的男子，她心气之高可见一斑。所以，她走出寺庙就拒绝了温太医的表白，温太医对她来说显然不是"世间最好的男子"。这个愿望说明甄嬛是个对爱情有美好幻想和憧憬的人，她此后的做法和行为也说明了这一点：虽然身处后宫那样的环境，她还是追求"愿得一心人，白首不相离"，甚至与皇帝以"四郎"和"嬛嬛"这样类似寻常夫妻般相称。她不但满足皇帝的情感和情绪需求，还帮他出谋划策，两人琴瑟和鸣。这所有的起点，都是第一集她说的那番话，她追求一份纯粹而完美的感情。

主人公的目标往往代表着他们的人生观和价值观，简单的故事往往就这样讲下去了。按照第 2 章说的结构，故事创作者打几个关键节点，一路向自己提问，做一些波折，也能好看精彩。

但好的故事通常并非如此。在《律政俏佳人》中，艾丽一路拼搏终于成为合格的法学院毕业生。但此时，她最初的目标（挽回男友）已经不重要了。她找到了自我，这更加重要，她不再因为自己是金发碧眼而被人怀疑为花瓶，她用实力证明了自己的价值。

《甄嬛传》同样如此。甄嬛怀着一颗追求真爱的心却最终失落，她的目标可以说是一败涂地。但她走上了另一条路，所向披靡，战胜了所有的敌人，料理了数不清的烂事。在这个意义上，她成功实现了入宫前的另一个梦想——好好活着。

会讲故事的人都这么讲

在电影《泰坦尼克号》中，罗丝在一场不情愿的包办婚姻中感到压抑，但她不知道如何破解，也没有胆量破解，直到她遇到杰克。和杰克在一起成为她的目标，但最后因为灾难她和杰克生离死别，但她却因为这份爱情，成长为独立又自由的女性。在故事的最初，罗丝的原始内驱力是模糊而迷茫的，但最后，虽然她没能跟爱人长相厮守，却收获了最宝贵的爱情，她要活出精彩的自己。

由此我们可以看出，主人公追求什么和他们本质上需要什么可能是不一样的，也可能是随着成长慢慢才摸清楚的。在故事策划的最初始阶段，创作者要想好这些层次才能往下推进。艾丽在追求跟男友复合，但她本质上更需要自我认同和自我价值的实现；甄嬛本质上需要纯粹的爱情，但现实所迫她必须一路抗争，当她走上人生巅峰的时候，也是她最寂寥的时候——太后甄嬛，再无爱情。

主人公的初始目的往往会产生变化，这背后反映出的是人物的成长蜕变、是主人公随着故事的推进战胜阻力后的升华。他们的初始阶段不一定承载故事的主题，但主人公的成长变化甚至蜕变一定承载着故事的主题。还是那句话，事件终究无趣，人物才是永恒。

困境中方显英雄本色

"衣带渐宽终不悔，为伊消得人憔悴"讲的便是主人公追求目标的过程，也是故事跌宕起伏的中段。"不悔"是信念，而"憔悴"是结果。

这个阶段必须足够波折，充满困境。托尔斯泰说过，幸福的家庭都是相似的，不幸的家庭各有各的不幸。相似的事，没必要讲成故事，我们关注的是主人公境遇当中独特的"不幸"。所有容易获得的成功都是假象，是引发更大困境的前提。所以，这是一个不断获得微小成功，但整体上却走向失败的过程。

给主人公设置障碍，是每个故事的创作者都必须娴熟掌握的能力。一般来讲，主人公遇到的障碍源于两个方面：一是外部障碍，二是内心障碍。外部障碍很好理解，它来自反派的破坏，来自主人公所处的现实境遇和掌握的客观条件。内心障碍往往是性格原因造成的，他或拖延，或不够自信，或有某种心理问题。不同的故事有不同的障碍类型：漫威的超级英雄电影，往往更强调外部障碍，有一个强大的反派；而艺术性相对较强的故事，往往倾向于表现内部障碍，比如《国王的演讲》，乔治六世最需要克服的是自己心理上的不自信。大多数电影是两种障碍配合运用：外部障碍，会使冲突不断升级，让观众的情绪越来越紧张；内部障碍，让主人公的形象越来越鲜明，承担着更多情感代入功能。前面提到的电影《女王》，外部障碍是越来越大的民意压力和首相日渐强势的立场；内部障碍是伊丽莎白二世自己没有想通，她困惑于世界的变化，在坚守自己的传统价值观和向世界妥协之间剧烈挣扎。外部障碍一直强大到民众开始讨论是否要废黜王室；内部障碍要一直纠结到她即便妥协低头，也倔强地没有全盘接受民众的立场。正是这样的内部障碍让我们更了解伊丽莎白二世这个角色（注意，不是真人，是角色），她一直小心翼翼地平衡着传统和现代，在一个日新月异的世界里维持着一种古老的传统，她有自己的困惑与迷茫，跟所有人一样。

　　另外一种给主人公造成困境的方法是利用突发事件。突发事件往往是不源自反派的外部事件，铺垫不够、突然发生也无妨。最简单又烂俗的比如车祸、疾病等，但并不是不能用。突发事件应该造成故事方向的突然转折，从向好的阶段急转直下。很多我们熟悉的故事都用了这样的手段，比如，在电视剧《还珠格格》中，尔康和紫薇好不容易得到认可能够在一起，但塞娅公主毫无征兆忽然而至，竟要跟尔康求亲。突发事件如果运用得好，也会有奇效，小说《活着》中，福贵的亲人一个接一个离他而去，这些人的离世往往是突发事件，猝不及防，如此多地运用，反而很好地让读者体会到命运无常、造化弄人的残酷。

但要记住，突发事件只能用来给主人公制造困境，而不能用于主人公解决困境的时候，比如主人公刚要有所行动，反派却突然自己遭殃（有些反类型、反套路、具有反讽性的喜剧除外，如电影《反斗神鹰》），这便是大忌。因为这会不断打破观众／读者的紧张情绪，让前面营造的所有对抗失去力量。

最后要强调的是，主人公对这些障碍做出的反应应该是生动、可视、具有动作性的，不管是影视剧故事，还是我们在社交圈中口述抑或写成文字的故事，都应尽量如此。如果这种反应只在内心或者头脑中，或停留在语言上，那我们的故事就会非常死板。面对困境，主人公必须要有明确的、可视化的、动作性很强的反应。

整个第二阶段都是主人公失败并继续失败的段落，他不可避免地走向"憔悴"，甚至在第二阶段的结尾，他"不悔"的信念都会动摇，因为他已经堕入不可挽回的深渊。

人物的至暗时刻与高光时刻

那没有回头路可走的深渊，便是主人公的至暗时刻。于是，我们进入了人物成长的第三阶段——"众里寻他千百度，蓦然回首，那人却在灯火阑珊处"。

寻了千百度，可见艰难，或已绝望。至暗时刻还是来临，这是伊丽莎白二世被首相下最后通牒的时刻、甄嬛和果郡王生死离别的时刻，也是美国电影《阿凡达：水之道》中，杰克·萨利儿子被杀的那一刻。

在这一刻，主人公即将失去或者已经失去自己全部珍视的东西，他可能怀疑自己的信念、怀疑自己的能力，甚至怀疑自己的价值。这个时刻，观众对主人公的关心也集聚到了极点，情绪不断积压，甚至会为主人公落泪。

但这也是观众/读者对主人公期待最高的时刻，因为大家已经陪着主人公走了很长一段路，投入了很多感情，甚至在他们身上投射出自己的影子。这个时刻要充分展现主人公的挫败与挣扎，那是观众／读者都曾经历过的。但生活往往没有奇迹可言，现实中的我们可能会选择隐忍，可能会选择退缩或者让步，那是我们不堪回首或者不忍回首的屈辱时刻。虽然我们当时做出的选择一定是安全且对自己伤害最小的，可我们依然意难平，所以我们期待着主人公可以站起来，承担责任，打败困难，给出一个超越现实困境的解决之道。

看故事时，这是观众／读者对主人公的期待，也是他们对自己的期待。

于是，主人公不负众望地迎来了高光时刻，这是他满足观众期待，释放观众情绪的重要瞬间——"蓦然回首，那人却在灯火阑珊处"。这蓦然回首，不是说结局从天而降，而是主人公必须转换思路，激发自己最大的潜能。这是他前面所有积累的结果，也是他战胜自己性格弱点的关键节点。在《律政俏佳人》中，这一处理极为巧妙。

艾丽所在的法律团队作为被告代理律师打官司，原告方证人证言直指被告人的犯罪行为属实，专业的律师团队调动所有法律知识依然无法破解，整个团队陷入困境。关键时刻，艾丽抓住了证人撒谎的关键证据，帮委托人打赢了官司。而她之所以能找出证言漏洞，却源自她作为一个爱美的、懂保养的金发女郎的生活经验，这是所有男性律师和不那么爱美的女律师不易发现的漏洞：烫发之后立刻洗澡会变爆炸头，所有有常识的女孩子都不会这么做。这完全符合主角的人设，毕竟艾丽在第一幕就有过类似的经历。那时，尚未想过入读法学院的艾丽在品牌服装店买衣服，有售货员觉得她是花父母钱的金发无脑小妹妹，要给她兜售价高质次的样子货，却一下子被艾丽识破。结尾，她同样是用自己的生活经验而非法律知识获得了成功。而在这个过程中，过去一直执着的爱情对艾丽来说已经不再重要，甚至不如她与被告人之间结成的女性互助情谊更重要。

整部电影就是想要破除人们对金发美女的刻板印象，它从情节的设定上完美体现了主题。

这样的峰回路转是相当精彩的高光时刻，人物在故事高潮阶段所展现出来的光彩是故事主题的集中体现，是故事创作者价值观的集中传达。主人公在此必须是主动的，在痛苦中夹杂着悲壮，在危机中闪耀着光芒。"夜幕逐渐掩下，星光便会露出"，足够黑的夜才有足够亮的星，足够的危机带来足够的高光……这是故事带给我们的慰藉和安抚，也是我们对人生和自己的期盼。

人的一生总会遇到很多困境，但大多数人在承受中坚韧挺过，好像也糊里糊涂，不知不觉。可在旁人看来，熬过这些是相当不容易的。在疫情期间，笔者的一个朋友夫妻分离，她独自在医院生二胎，因腰椎病变被医生拒打止痛针，疼痛难忍，可事后谈起也云淡风轻。可在笔者看来，这是了不起的壮举。

所以，我们都不是软弱的人，只是我们的坚强没有那么抢眼，"挺一挺"就过去了。但在故事里，请放大这些时刻，那是我们人生的高光，是曾被我们忽视的波澜壮阔，是淹没在我们日常生活中的闪光瞬间。故事就是要提亮这些时刻，它是对某个生活阶段的一次精妙的化妆，放大该放大的，强调该强调的，平常人也可以绽放。

这是故事带给我们最好的礼物。

第 4 章

讲故事的技巧

看武侠小说，我们会被里面变幻莫测的武功所吸引。强中更有强中手，一山还比一山高，武学无止境，只有更强，没有最强。但几乎所有的武侠小说都有这样一个设定：真正武功到了至高境界，便可化任何物件为兵器，甚至没有兵器也可以以气化境，杀人于无形。

其实"讲故事"也是一样的。一个真正高超的讲述者，更是不拘泥于格式和套路。没有技巧，形神合一，言如流水，瞬间奔泻而下，听众听得入神，情绪也随之起伏，欲罢不能。

电视剧编剧其实也是在讲故事，通过文字传达编剧对声效、映画的要求，从而描述故事的起承转合，在其他工种的联合下，最终完成一部电视剧的制作。

通常我们聊一部剧的定位，首先说的是它的受众是女性还是男性。在编剧接触这个故事的最初，都会考虑这个问题，因观众的性别不同会直接影响编剧对故事的编织和取舍。但是真正的顶尖作品却并不在意这些，也可以说是跨越了这些，男生能看，女生也不拒绝，成为大众追捧和认可的作品则会成为爆款。

但无论是讲故事还是写剧本，想要做好的话有没有技巧呢？

在笔者看来是有的。好的作品，不是没有技巧，而是娴熟到令聆听者或观看者已经忘记了技巧，他们觉得这一切都是真实的，与他们已经产生了情绪上的统一，呼吸相同（自己的呼吸怎么可能还有怀疑呢）。而创作者呢？甚至也会忘记了技巧，简单而自然地将技巧融进了创作之中，这是一种自觉的创作，是创作的化境。

有技巧，并刻意去完成这些技巧，那肯定是不科学的。但积跬步至千里，一开始科学地学习这些技巧是有必要的，我们可以用这些技巧来进行练习，等有一天运用娴熟了，那时自然会化技巧为无形，行云流水，口吐莲花，倾倒四座。只是，这一切是需要花时间练习的，如同练功之人需打下夯实的基础，才能做到后期的御剑飞行。

俗话说"世间文章一大抄，太阳底下无新事"，故事还是那个故事，令人耳目一新的是不熟悉的讲述。

　　那到底有哪些不熟悉的讲述呢？哪些"套路"可以新瓶装旧酒呢？这些"套路"又是如何被运用到故事中去的呢？

　　什么瓶装什么酒、配什么灯光，如同电视剧的片场，唯有演员、灯光、造型、美术、导演全部统一、全部协调，编剧创作的好的剧本才能完全诠释为精品影视，一部好的电视剧或电影才会缓缓从水底下升出来，令人拍案叫绝。

　　武侠小说里有一种武功叫"独孤九剑"，遇强则强，随机应变，九剑便已对抗了众多的高级武功，可谓高之又高。

　　不管是创作影视作品，还是对别人"讲故事"，应该也需要用俯瞰的方式去把控全局，运用"套路"去完成每一场的讲述。实质上，"讲故事"也是一种"推销"的行为，也需随机应变。不同场合、不同需求运用不同的方法，也有自己独特的一套"独孤九剑"。

第一式：83版《射雕英雄传》里郭靖人设的差异化

看日本动画片《名侦探柯南》前十多集，每一集的开头序幕都可以看到一段独白，这段独白介绍了男主角工藤新一是如何被坏人通过药物缩小、重新以柯南的身份生活的，整个介绍持续大约半分钟，这半分钟里，将柯南的来龙去脉说得淋漓尽致。整个台词条理清晰，语言抑扬顿挫，让人听得非常过瘾。

然而，当我们看了几十遍之后就有些坐不住了。这种打直球的方式简单明了，的确可以在短时间内让观众清楚了解柯南的来龙去脉，但是再好的介绍，当讲述了十多次之后就会给人枯燥、套路的感觉，听得人味同嚼蜡，介绍完了也就过去了，不会给人留下任何印象。甚至受不了的人会按下"快进键"，忽略这一段介绍。

有人说，第一个说"人咬狗"的是新闻、是吸引人的，但第十个说"人咬狗"的，即便说得再好，都显得枯燥、乏味、老套。可见，与别人不同的新奇的内容在讲述中是非常重要的。所以这个系列的动画片，在介绍了几十集之后，也改变了序幕的独白，重新以一种方式吸引观众。

讲故事，实质上也是想通过一个故事传递自己要传递情绪或是故事本身想要表达的内容，那么故事的主人公——人（或是童话里的小动物、神话里的神妖魔鬼怪）至关重要，他们的特质其实也是故事本身的特质。最终，故事的创作者想要完成的叙事目的是必须寄托在这个主人公身上的。

如何让听故事的人第一时间就发现你的故事的主人公与其他人物不一样？没有准备的人可能第一反应都是"工藤新一"式的自我叙述，不管说得多好，若是人云亦云，都是徒劳无功的。如此，还没开始讲述，你的故事在对方那里就已经失去被接受的机会。

怎么办？

反差很重要。

很多人为了获得对方的认可，都会将故事主人公的能力、优势以及特长放在第一位，鲜花着锦的繁华当然可能会让受众注意，但是无形中又开始了"内卷"，当一个非常狭小的空间

（故事容量）出现了"内卷"是多么可怕的事情，当对方被吊足胃口，你又如何让主人公在一众出色的人当中脱颖而出，那就更是难上加难了。

83版（1983年播映）电视剧《射雕英雄传》给了我们一个很好的例子。一个故事总会有主角光环，如何设置这一主角光环让这个人在众多人设当中熠熠生辉、与众不同，是你的故事有机会脱颖而出的先决条件。

成为这个故事的绝对主角！这是必须要做的。

那怎么成为绝对的主角呢？怎样让故事中的人物的光环加强呢？

放大自身的特质至关重要。

金庸先生的《射雕英雄传》原著当然好，但在改编成电视剧的过程中，编剧将郭靖的属性加强了。你也许想到郭靖第一属性是他的笨拙，其实不然，通过编剧的叙述，观众记住他的第一属性是他的出身和仇恨，以及他自身带着18年后的一场比武。如此，郭靖的人设便被包装得与他人不同，这是主角，是整个故事聚光灯照耀的地方。

编剧在主角出场之前，用了大量的篇幅讲述了郭靖父辈们的壮烈故事，以及郭靖母亲的雪地产子的经历。这一切的传奇性让男主角身上有了众多可以生发的故事点，也因此让观众在男主角还没有出生或长大之前，便已产生了好奇心和同理心。观众的心早已被这样一个人物的前史抓牢，他们愿意知道郭靖即将要做什么，在他的身上又将发生怎样的传奇。这一方法在《射雕英雄传》女主角黄蓉的身上也同样奏效，王牌出身以及她性格的突出，外在和内心完备、齐全，几乎让人过目不忘。

主人公的故事还没有出发，他身上的背负已经让受众揪心了，其次才是他的性格特长。你的故事主人公有什么特长，同样也需要将这个特质放大，让他和别人产生差异化，有主角光环。

如果他很聪明，那么在探案故事中他就是福尔摩斯，在武侠剧中他就是楚留香；如果他的情商特别高，在《红楼梦》里就是薛宝钗，在《水浒传》中就是宋江；而如果他是一个笨蛋，那么他就是郭靖，变性格的短处为特长，笨拙成了努力上进、不走弯路的五好青年的标志，怎么能让人不喜欢呢？又怎能让人记不住呢？

如果郭靖因为背负的使命、其独特的人设和优良的性格得到受众的接受，那么讲述者就拥有了受众给予的更多讲述的时间，慢慢铺陈自己的故事。

我们知道，一个人如果想要长期得到对方的注意，必须时时刻刻保持新鲜感，故事也是一样的。如何传递这种新鲜感呢？这是我们在接下来故事讲述中最需要去考虑的问题……

在 83 版《射雕英雄传》中，编剧时刻没有忘记给郭靖增添新鲜感，让人有探究的欲望。

我们在电视剧创作中喜欢"在故事推动的时候增加'发动机'"，也就是持续保持观众观看电视剧的欲望。在现实生活中，也有一个词叫作"宝藏男孩"，这样的人像一口"深井"，不停地给人以新鲜感和不一样的惊喜。那如何接二连三地传递这种新鲜感呢？"推销"自己的主人公也应该是有一个强有力的规划。

当一个角色设定已经完备，当观众渐渐开始对这个设定烂熟于心的时候，讲述者可能会意识到，这个故事需要增加"发动机"了。但从总的布局来看，这一切其实是需要从人物设定最初需要考虑且在未来讲故事中一直要考虑的问题。

首先，这个角色需要一个强有力的目标，将这个目标传递给倾听者，在角色一步步向这个目标靠近的同时，倾听者其实是一个伴随的过程，二者是一种养成系的关系。角色的努力与倾听者的陪伴相辅相成，完成主人公的塑造，也将故事和听众关系拉近，受众在听故事的同时也在聆听自己内心的反应。

其次，在故事中维护好角色人设。我们所说的维护，并不是刻意的穿凿，而是在原有角色的基础上突出他的性格特点和能力，进行细化。这就需要爱惜他的"羽毛"，找到关键的情节和桥段让角色的特点发挥出来，加持他的个性。于是，在《射雕英雄传》中便有了郭靖苦练降龙十八掌不得要领，却可以勤能补拙实现最终的成功。也有了郭靖的不聪明、不能领会《九阴真经》的内容，却能在周伯通的"威逼"下最终完成了《九阴真经》的死记硬背。你看，金庸老先生正抓住一切机会，让郭靖的人设与众不同。

再次，便是这个人物需要在故事中不断给读者惊喜，这是人物的进阶，是他能力的提高。在这个过程中，也不断完善人物，找到这个人物的不同立面，让他更加丰满起来。当然，前提是不要干扰你最初的人物设定。

最后则是坚持，这一点毋庸多言了。不要随意怀疑和推翻自己对主人公最初的人设。

会讲故事的人都这么讲

电影《阿甘正传》里，阿甘通过坚持成就了一个神话，表达也一样如此。如何让你故事中主人公的人设、标签贯彻到底，坚持非常重要。

第二式:《还珠格格》式地传递特殊使命

我们说的第一招式是个性的差异化,这种差异化需要通过大篇幅的故事来打造一个人物的人设,让自己设定的人物形象在故事发展的循序渐进中被人了解、接受,最终获得敬佩或欣赏,让故事最终获得听众的共鸣。

那么,故事如何从一开始就通过某种手段让听众立马移不开自己的耳朵呢?《西游记》里那是一只石猴,《红楼梦》里那是绛珠草的还泪,《水浒传》里是 108 个"妖魔"被揭了封印全部来到人间……

对,笔者要说的就是强设定,让你的人物在一开始就拥有特殊的使命。

曾经爆火的琼瑶剧《还珠格格》,给了我们一个很好的特例。如何在讲故事中,牵动别人一直朝你需要的方向走,这很关键。如果这一点做好了,你就拿到了讲故事的主动权,不用再去迎合,对方需要跟着你的节奏,往下慢慢听。

会讲故事的人都这么讲

电视剧《还珠格格》首先为两个女主角小燕子和紫薇做足了特殊性，她们对于这个故事而言近乎天选之人，她们有自己的终极目标，且极为特殊。

紫薇是皇帝流落在民间的格格，身负去世母亲的使命，要认皇帝为父，重新回到父亲的身边；而小燕子却是冒名顶替的格格，误打误撞进了宫。如果她承认自己是假冒的格格，她便是死路一条；如果她认定自己是真格格，她便有愧于自己的姐妹。这是两难的抉择。这个故事极具特殊性，也极具可看性。

其实，很多文学作品和影视剧都用了这个方法，比如《想见你》当中的灵魂互换的纠缠，比如在电视剧《三生三世十里桃花》里的白浅和夜华，都是故事中的天选之人，是独一无二的男女主角，是无法取代的。在故事的一开始，观众便认定了这些人物是主角，是自己需要关心的人物，他们的故事自己需要听下去。

每个人在听故事的最初，提供给故事考验的时间其实很短（三五分钟）。如果完成不了对听众的吸引，听故事的人可能就会走神，再想让对方收拾心神就没有那么容易了。如果从一开始，我就告诉你这个故事说的是一个皇帝在外生的格格想认父，却被一个江湖小姑娘李代桃僵了，那么会怎么样？

情势立刻倒转。

是的，这一句就已经吸引了目标听众。那么，如何让你在第一时间通过这样的人物使命的设定，得到对方思考上的同频共振呢？

首先，讲故事之前你需要安静下来，想一想，这个人物的目标是什么？这个目标能吸引对方吗？如果不够，那么如何去加码，如何让他一步步升级。我们知道，《还珠格格》最初的故事是因为琼瑶阿姨路过北京的公主坟，知道民间格格不是皇家子女，所以只能葬于外处，而因此有了"千里寻父"的蓝本，显然这个故事并不能在第一时间打动受众，"千里寻父"就算父亲是个皇帝，充其量还是一个较为常规的故事，主人公的使命并没有独特性。所以有了"小燕子"这个角色，于是，"李代桃僵"的假格格一下子让这个故事的风格和脉络立住了。这个故事里的人物也有了自己的特殊使命，吸引力也就足够了。

这在剧本创作中有一个口口相传的名词，叫"定桩"，这个桩定在这里了，不再改了！人物为何是独一无二的、为何她就是"天选之子"、她将如何一步步接近这个独一无二，这是我们需要考虑的问题。

不过，故事的特殊性、人物的特殊使命必须建立在常规的逻辑基础之上，要让人相信这个逻辑是真实的、正确的、符合的、能自圆其说的（玄幻故事、鬼怪故事同样需要逻辑的自洽）。只有具备了这些，才能将人物的特殊性体现得完美；如果不具备，那便是无米之炊、皇帝的新装，最终会被戳破，成为泡影。

第三式：如《泰囧》一般，一路上的突破

　　故事的种类是千百样的，讲述的方式也没有优劣之分，只有合适不合适。一个合适的讲述方式会让一个故事的类型突出、有自己的特点，更能吸引读者。适合的讲述就是讲故事的技巧。

　　有一类故事讲述的是主人公的一段经历，这段经历究竟发生了什么、遇到了什么以及渡过了一个个怎样的难关、一段段怎样的困境，这是整个故事的过程，是一次完整的记录。结果怎么样并不重要，重要的是人生经历。人生不断向前，遭遇让我们成长，这一点是人生最宝贵的经历。对于这类故事而言，这一点则是这个故事的精髓。

　　如果你将这个故事当作一部影视剧来看的话，它非常像一部精彩的公路片。大部分情况下，我们并不在意公路片最后的终点。有的有终点，但也只是一个故事的句号，或是对这个过程的总结、启迪和感悟，有的甚至连这个句号都不会给观众。

会讲故事的人都这么讲

当观众看到最后的结果时，也许只是一串让人叹息、振奋或是期待的省略号。在好莱坞，它就是《末路狂花》和《阳光小美女》；在我国，那就是《泰囧》《后会无期》《心花怒放》。

好了，让我们回到这个故事的最初。

这段漫长的路程啊，主人公最终将会有怎样的成长？讲故事的人是上帝视角，早已知道主人公最终将成为怎样的人，这是指挥棒，可以通过这个指挥棒来倒推主人公最初的状态。我们的主人公内在的矛盾是什么？他在这个过程中是在修复怎样的内部问题？

因为是公路片，我们的场景、故事、问题、矛盾都是移动的，有些时候，我们甚至都不能让主人公的一个对手或是一个搭档从头贯穿到尾（这一点很像是一个网络游戏，但事实上，我们的人生真正一路陪伴终生的也并不多，更多的只是我们人生片段里的过客），所以我们需要各个击破。

这是一条不平坦、充满坎坷的路径，未来光明，但前路荆棘。我们可以将这些各个击破的点定在那里，随着主人公一步步接近，遭遇这些点状问题，进行解决，这些点就是这个故事最精彩的部分，是需要浓墨重彩去表现和诉说的。

考虑一下我们这一路过来的伴随者：他们是伴随始终的还是阶段性伴随的？他们的作用是什么？他们是对抗的还是盟友？贯穿始终的这些人对于我们的主人公有实质性的用处吗？如果只是边角料，相信笔者，这个人物是多余的。这类题材的故事贯穿始终的人越少越好、越集中越好，让贯穿始终的这些人物关系单纯一点、再单纯一点，你才能丰富每一个桥段，丰富每一个故事。

好了，还记得笔者前面说的那些点状问题吗？从难度上讲，这些荆棘和节点是不是递进的关系？比如，比较容易的问题你需要放在前面，越来越加码的桥段你需要放在后面，让你的听众随着你的讲述一点一点增加情绪，最终完成全部故事过程中的释放。

我们的主人公经历之后获得了哪些释怀和提高？当故事的终点没有那么重要，阶段性的成绩便显得尤为突出，这是主人公个人的展示，是内心的剖析。

在这些桥段中，是需要投入情感细节的。如何让听众引发共鸣，情感有时候便是一切，可以融化你故事的缺陷，可以忽略你故事的某个细节的疏漏。当然不能刻意煽情，要注意度的把握，情感的恰到好处是故事成功的法宝。

会讲故事的人都这么讲

其实，抛开构思故事不谈，生活中我们很多时候都能用到这样的叙述方式，比如，给孩子总结一年的学习，和爱人一同总结曾经走过的路，还有和父母的交谈等点点滴滴。人生本来就是一条正在走的未尽之路，每个阶段都有自己的节点，每个阶段都有自己暂定的目标，这些都是我们值得去叙述和交流的。

我们的故事不会像《泰囧》那样窘迫，也不会像《末路狂花》那样悲壮。我们的故事舒缓，我们的故事拖沓，但那都是属于我们自己的精彩人生。

第四式：像《饥饿游戏》那样
　　　　把成功描述得不平凡

人生是漫长的，每个人都希望自己的路是不平凡的。但阅尽千帆后，我们不得不承认，自己的人生和大多数人的一样是平凡的、普通的。如此，大家对一个素人的成功之路是感兴趣的，也喜欢听这样的故事。

大家期望在故事中寻找到自己的不足，或期望得到未曾得到的成功。那么，如果在"成功"这两个字前面加上什么词，会让大众更有兴趣呢？我想应该是"不平凡之路"吧。生活中平凡的人总是期望在故事中寻找到不平凡，则为传奇。

曾经风靡全球的系列电影《饥饿游戏》建立了一个极为传奇的"人才选拔"机制。在电影世界里，人们看到的是不进则退、活下去就必须击败所有的对手的残酷世界。这种不平凡的成功，可以让所有观众在故事中获得不一样的战栗体验。而《饥饿游戏》深谙这一故事模式对他人的吸引力，在四部《饥饿游戏》中，创作者更是将这种模式进一步、再进一步地做到极致，主人公在对手一拨比一拨强大的过程中，将成功的不平凡一次次转变为传奇，主人公的形象也因此立于了荧幕之上，令人无法忘记。

在一个幻想中的世界里，让一群人为了获得更多的生存资源而产生你死我活的竞争。最终，只有一个人击败所有的对手走出来，这个人就是胜利者，是万众瞩目的、能获得丰厚的奖励、活到最后最值得骄傲的人，他注定是不平凡的。这就是《饥饿游戏》的整个故事内核。

这部电影为什么会如此火爆？那是因为在现实生活中，人是松弛的；但到了极致的状态，人性的卑劣和华彩都将被展现。故事也由此展开，影视剧要将人性放在火上炙烤，才能得到最完美、最真实的人性诠释。

当然，这是极致状态。如果这个故事贴近生活，再用这种方式去讲述以塑造这样的形象就太夸张了。是的，现实故事中，谁也不会和其他选手一起置身于同一个空间里你死我活地厮杀，去争夺唯一能活下来的那个名额，不可能我活下来便必须要其他人死掉。

但事实上，有人的地方就有竞争，纵然最后留下的不是一个人，也是优中选优，淘汰的还是大多数。就好比一个孩子在众同学中学习出类拔萃，最终凭借自己的能力考上了北大、清华。

当然，并不是每则故事都需要考验人性，而是突出你要讲述的主人公才是那个最终的胜利者，是接受得起鲜花和掌声的，是不平凡的，这个故事的功用性就足够了。

那么，如何用讲故事的方式将胜利讲出来，将胜利来之不易讲得曲折离奇、重点突出，讲得有光彩且不动声色呢？从而让自己设定的形象更加出众呢？

首先，我们可能需要建立一个属于故事世界的法则，就是在影视剧创作最初我们所说的"建制"，这个"世界法则"是由你制定的。比如说学习，便会有高考，高考便是这个"世界法则"；说到北漂的成功，便有住所、有安身立命的工作以及社会认可，这就是北漂的"世界法则"。法则虽然不同，但必须存在，有了法则才有了我们做事的条条框框。试想，故事的主人公是在什么样的法则下完善自己，打倒对手，最终获得成功的——这就是你需要的"建制"。完成这一点，就是给你的主人公设置了一个舞台，下一步就是让他在这个舞台上尽情施展他的魅力了。

建制完成后，我们需要进入到故事中去，用最朴实、最接地气的方式，甚至可以类比到你当下所在的环境，将这一"危机四伏"的"世界法则"说清楚。把优胜劣汰、丛林游戏传输给了听众，那么你所设立的"饥饿游戏"也就完成了一大半。而在这种法则中，到底有多少人参与其中，"分母"越大，"分子"就越出众，"分母"的素质越高，最终留下的结果便更令人瞩目，突出重点，让主人公的优秀放大、再放大，故事也就有了精彩的基础。

其次，就是这个游戏里的规则如何去淘汰对手。现实中有一系列的考量，比如是否超越城市的平均工资、租房价格、自己的人际关系，以及先天性的条件、学历、技术或是交际能力，这是一场竞争，竞争描绘得越残酷，生死之线描绘得越冷峻，危机越明确，聚光灯就越在主人公的身上。这一次不要吝啬对主人公的展示，只有展示，他才能独一无二，他就是"饥饿游戏"里最终获得成功的那一位。

最后，要嘱咐你的是，如果你的故事是现实题材，那么不要过火，现实是基准，适当的渲染是渲染，不适当的渲染是夸张。夸张远远不及平实给人以说服力。

此外，藏一点真相也许会唤起听众更多的好奇心、探索欲，也许是留给听众主动去探索你讲的故事的更深层次的内容。

第五式：用《大长今》的方法
让你的人物节节攀升

成功一般需要克服两方面的因素：一方面是克服外在的压力，即战胜自然和他人带来的困难；另一方面则是克服自己内心的恐惧和压力，战胜自己。韩剧《大长今》就是将这两个压力和困难汇聚在了一起，让主人公在不断对抗外界压力的同时，也从不停止内观、审视自己的内心，从而完成了主人公自身的涅槃，这有点类似成功励志学的演讲。

大长今一开始的起点并不高。在故事中，她是罪臣之女。对于父亲而言，这个女儿还是一个不祥之人——曾有道士在大长今出生之前，就告诫她的父亲，有一天他会因为女儿而亡。编剧将大长今的地位设置得非常低，在现实生活中，没有人愿意这样，但在故事中，这样设置的好处就是让人物有极大的发展空间、足够攀爬和上升的空间，她可以一步步走下去，一直走到人生的巅峰。

会讲故事的人都这么讲

大长今需要克服的有自身命运的安排、也有他人的陷害，以及自身内在性格上的一些问题。大长今是一个氧气女孩，她是正能量的，这样的人物设定保证了未来无论面临怎样的刀山火海、他人的摧残，她依然是积极的、乐观的、宽容的、向上的，她能正视自己内心复杂的灵魂。外界环境的压力以及自我的努力和积极，组成了这一成功励志人物的两大重要元素，也是勾人的钩子。这类似《红楼梦》里不会作诗的王熙凤，联句时竟然写下"一夜北风紧"的妙句，这一句为下面留了相当大的空间和遐想，让人想看下去，联下去。大长今的两个设定就是它的"一夜北风紧"。

大长今的成功分成三个步骤：第一步进宫，第二步成为御膳房的膳食宫人，第三步成为医女，并在此基础上成了朝鲜王朝第一个女医生。

整个故事是大长今一个非常工整的成功励志学发言，每一步都有成功的收尾，但更大的摧残也随之而来，几乎葬送了她所有的努力，但是内在的原动力却依然在，她的技能提高了，让她有了下一步去努力进而成功的基础。一切条理清晰，逻辑自洽，一层层讲述，都鞭辟入里。

一开始，千难万险后的大长今进宫，见到母亲的好闺蜜，两人激情相认，以为一切都好了，但编剧显然没有那么容易让看客满足，学到知识和个人成长的大长今紧接着被发配，随后有了新的篇章，医女的生涯就此开启——每一个阶段都给予很好的总结和解读，每一个阶段都为女主角最终的成功奠定了基石，直至最后，大长今获得了成功。整个故事很完整又很生动。

我们所知道的成功学演讲无非都是这个路子，用事例来讲述在生活中遇到的困难，也许不是生死的问题，也许总体看起来，每个事例对他的人生也没有多么地翻天覆地。但是在他的内心必定要起非常大的波澜，这种波澜会直接改变他对一些人、一些事、一些法则的看法，从而在事毕之后，整装再出发。故事之后，这个人已经不是曾经的那个他了，他已经脱胎换骨，具备更多的成功元素。

但是，这类故事的初始化目标是不能变的，必须毫不动摇。人物的善良本性不能动摇，人物的内在努力底色不能动摇——或许会摇摆，但最终还是要选择善良和努力。外在的压力在这个基础上递增，一个阶段一个阶段地将人物推到一个个悬崖边，但同时也让主人公学会了飞翔。

这种坚定才成就了她是"大长今"，而不是其他人，这种

会讲故事的人都这么讲

坚定也让她符合众多成功励志学的标准，拥有了更多的拥趸。

从《大长今》开始，一种新的类型电视剧就一直处于霸屏模式，那就是大女主剧，但是国内的大女主很容易拍成"傻白甜"，面对危机的时候，总是有无脑爱她的男人帮她摆脱困境，而大长今却是靠自己面对困境，这和她的人设是分不开的。人设当然也包括她的技能和能力，所以过了这么多年，《大长今》依然是经典之作，依然是真正的大女主作品。

因此，你故事的主人公也应该如此：他是自信的、努力的、上进的，也是坚持的，他突破重重困难，练就一身的本领，渐渐加强自己的内心和技术，最后获得丰硕的果实。

这一切的获得完全是因为他的努力、他的坚守、他闯关的魄力，一切都是靠自己。他才是这个戏的主角。

第六式：像《开端》那样探索真相

生活当然不只是工作，生活还有其他，有爱情，有交际，有朋友的关怀，有家的温暖。人际交往中，我们希望遇到的人对自己有浓厚的兴趣。对方对于自己的兴趣值越高，那么自己在对方的生命中就越重要，对方给自己的机会也就越多。我们经常会说，保持对方的探索欲非常重要，探索欲越高则对方对自己的兴趣值也越高，而探索欲的起源正是自身提供给对方神秘感。

是的，永远都不要忘记给对方提供神秘感，让对方探索你的未知。把这一点放在爱情或是友情里你会发现，神秘感就是新鲜感，会让对方对你牵肠挂肚，主动出击。例如，笔者有一位朋友，每次恋情一开始，和对方总是有说不完的话、聊不完的天，他和对方都会热烈地投入。但过了三个月、六个月或者一年，他发现，对方对他失去了聊天的兴趣，不再交流。为什么说不爱就不爱了呢？

会讲故事的人都这么讲

其实哪里是一个人说不爱就不爱了，只是他的女朋友一点一点地在他身上将那些神秘感都寻找到了答案。他太投入了，原本那些故事的答案是应该由她来寻找的。花费她的精力去完成寻的过程，其实也是一个施爱的过程，这种积累会让两人越来越近，可惜，他却直给了。

如果看一部悬疑片，时间久了，纵然男女主角外形姣好，画面精良，故事也很精彩，然而却在前面就兜了底，没有了悬念，那留住观众的可能性就小了。同样的道理也可以用在笔者这位朋友的恋情上。

讲故事不亚于一场恋爱，在这个过程中，渐渐让对方被你的故事吸引，从而和你的故事同呼吸、共命运。那么，如何在讲述中增强对方对故事的悬疑感和探索欲呢？

首先，要稳住！一定不能冲动，要知道如何下钩子，而不是全盘托出，哪怕你再有倾诉欲，都不要那么快将所有的底牌都亮出来。

小而美的电视剧《开端》讲述了一个无限轮回的故事。编剧在开始的几集中只给了现象和结果，却没有解释原因或者透露更多的信息。观众是一团迷雾地往前走，但观众隐隐约约知道该往哪儿奔、哪个方向有自己需要的结果。这恰恰是编剧在故事讲述中运用讲故事的技巧进行指引、暗示和带路的效果。于是在不知不觉中，这个故事也用悬疑牵制住了观众，这种牵制是非常紧密的，是通过故事将观众和情节牢牢绑定在一起，观众如同警察，迫不及待地去揭开谜团。

无论是《开端》，还是《白夜追凶》或者是《沉默的真相》，都会有这样的设置，通过悬疑来绑定观众，就连不是悬疑剧的穿越剧《想见你》，在故事的节奏变得轻缓之后，也加入了悬疑案件，来拉近与观众的距离，从而让观众不离不弃地循着故事的节奏去寻找真相。在谍战剧当中，对人物身份的甄别、对情报的传输是否成功，也是通过悬念来勾住观众的，像《潜伏》《悬崖》等经典的谍战剧都不会放弃这一手段。都市剧有的也用了这一方式，《我的前半生》的前两集就是如此，到底男主角和小三之间的关系怎么样，女主角什么时候能发现眼皮子底下的小三，层层剥茧，调动了观众极大的情绪和探索的欲望。

所以，悬疑真的不只是柯南，不只是金田一，也不只是狄仁杰或包青天，更不只是《洗冤录》《隐秘的角落》或者《回家的女儿》，生活剧乃至生活中都可以用得上。

比如你去相亲，第一次和心仪的对象见面，在见面时透

会讲故事的人都这么讲

露一些你和别人不太一样的职场环境，或者是你的一些小的较为特别的爱好，再或者是你的经历等，但只透露八分，或者给一个答案却不给经过，或者给经过却不给结果，总之不能给完全的闭环，此时你的悬疑感也就制造出来了。对方如果不讨厌你，此时应该对你有了探索欲。

任何故事都可以运用悬疑感来带动听众的情绪，让听众跟着你的讲述一点一点搜集线索，探索故事的真相。悬疑感很像是泡腾片放进水中的感觉，我们要放下去一个种子，但是缓释的，缓缓让它发散开来，不要着急，循序渐进，仔细观察对方的态度和情绪，慢慢递进，直到最终这颗种子发芽、开花……

那个时候，整个的大局和方向都已经掌握在你这个讲故事的人手中了。

第七式：像孙悟空那样做唯一性，在爱情故事中占主导

在某网络平台上，看到下面这个段子。

一个女孩发信息告诉男孩说："我们还是分手吧。"男孩首先肯定地、没有丝毫迟疑地答应了（这里利用了第六式中的悬疑感，为什么这么快答应，让对方疑惑，然后获得了后面的解释机会）。男孩紧接着说："只是有些事我要事先跟你说一下，可能以后你需要自己去处理了……"

男孩说出了家务、外出等生活中要解决的问题。比如，家里的煤气在哪儿充，电费在哪儿充，水费在哪儿充，如何去机场、高铁站，具体的流程是怎样。接着，男孩说："我们分手了，以后晚上你饿了，想吃什么就只有点外卖了，外卖油很大，容易发胖，你要知道怎么选择不胖的外卖。"男孩甚至把女孩想看什么电视剧该在哪

儿找、女孩生病了怎么买药以及以后请一个保洁阿姨帮着做家务都一一交代。最后，男孩说："要不我们还是不分了吧，我不放心你一个人这样过下去。"

最终，男孩挽回了一场爱情。

段子终究是段子，还有一些 PUA 的成分在里面，显然不是很适合男女之间情感拉扯时用于调节关系的方式。当然，这里面还有浓浓的关心和不舍、为他人的付出，但是我们从中也可以看到，一个人被需求是多么重要。在谈情说爱时，如果能适当表达自己被需要时的欣喜和成就感，会赢得对方的好感，也许在某个情感快要维系不住的情势下，这种表达有可能获得一次逆转的可能。在故事中，这种特殊被需求的人物关系，也同样会成为故事的核心驱动力。

古典神话志怪小说《西游记》在 1982 年翻拍成了同名电视剧，1986 年，这部戏在央视完整首播，并迅速成为经典，观众誉为"不可逾越的巅峰之作"。剧中将孙悟空对唐三藏的独一无二保护这一特点加强了。传递给观众的是，如果没有孙行者，这一趟取经之路势必完成不了，唐长老也会在取经途中的任何一个环节被妖怪给吃了。

很多影视剧都有这样的情节，特别是神话故事或者志怪、科幻都会将"没有我，这个故事便玩不下去"作为故事的一个设定，比如《雷神》中唯一可以举起锤子的主人公、《来自星星的你》男主角和女主角的唯一性，这些都是典型的"没有我，故事将终止"的代表模式。

在爱情故事中，更是如此。爱情具有排他性和唯一性。

如果把西天取经比喻成我们的爱情，你是那个追寻爱情的长途跋涉的人，如同在沙漠里前行的苦行僧，我不忍你这么孤独地走下去。前方的路，你不能孤独、不能遇险、不能受苦，那些都是我不愿意看到的。你的世界是不能少了我这只猴子的，你愿意让我一辈子在你身边当个猴子吗？当你默念紧箍咒的时候，唇齿微动却无声响时，我便已头疼欲裂，为你做那些甘愿我去做而你又需要我去做的事情……

这段感情，我不愿放手，我想你应该也有所眷念，我们是不是还应该走下去，前方不远，便是属于我们的光明愿景。

爱情故事的讲述也应如此。

第八式：属于自己的《小欢喜》成人礼模式

我们的一生其实都在不断地成长，不管是生活中的还是工作中的，不管是友谊、爱情还是家庭中的自己。我们有时候会觉得自己忽然长大了，却在人生的某个时刻发现，终其一生我们都在不停地成长。每一个节点都是我们成长中的某一个停顿，生命不熄，成长不止。

电视剧《小欢喜》讲述的是一场三个家庭面对高考的战斗：一个家庭因为工作，忽视了照顾孩子；一个离异家庭，对孩子产生了不良的影响；一个工薪家庭，在孩子面临高考的同时，还要去面对种种生活和工作带来的问题和麻烦。

故事给了我们一个事件上的终极目标，那就是几个孩子冲刺高考。但是从故事本身而言，每个人都有一次属于自己的成人礼。首先是几个孩子的：不管是从一开始叛逆最终变得爱学习、理解父母的杨扬，还是从一开始学习好却有心结最终解开心结的英子，或者是乐天坚持自己的方一凡，他们都获得了成长，获得了自己的成人礼。而对于这几个孩子的父母而言，都有了或多或少的改变，认识自己的人生到底需要的是什么、该如何去做。

这种成人礼模式的故事，让每个人的目标变得异常明确，而整个实现的路径也非常准确清晰，当故事变成多线索、人物变成多角色互动时，这种方式非常适合，讲故事的人也不容易将整体变乱。因为，我们关注的是人心，关注的是每个人物内在的变化。

第九式：像《甄嬛传》那样说给自己听

我们说完了八式"独孤九剑"，如果说前八式都是希望我们面对受众，用这些方式来吸引受众对这个故事的关注，那么最后一式让我们静下心来，面对自己，说给自己听。

看过《甄嬛传》美版附加的片段你会发现，故事的结局是甄嬛获得了一切，也失去了一切。老在宫中的甄嬛回忆当年的点点滴滴："原来一切都已经过去，原来我已经白发如霜，我曾经接触的人、遇到的事，最终组合成了现在的我。我得到了很多，也失去了很多。"

人生的某一时刻，你会安静下来和自己进行交流吗？或者用心去探索内心真正的诉求，有没有在生活中、工作中迷失自己。

《甄嬛传》的故事类型是妥妥的大女主脚本，每个人都是自己故事的第一主角，你要相信这个世界因为你才存在的，这个世界也因为你才变得精彩。然而，世界太复杂了，我们往往会因为一些人浮于事的追求迷失了自己。转来转去，也许最终你获得了一些成就，但细细地品味后你发现这些并不是自己想要的，不是自己的初心，而失去的却是自己最宝贵的东西。

《甄嬛传》的剧本便是一个少女克服重重障碍，将自己的单纯、信任全部抹去，最后只剩下钩心斗角和心计，丢失的是那份至真至纯，是属于人性本真的东西，一步步闯关、攻克，一步步往上爬，居高位，可是高处不胜寒，剩下的只是寂寞……

岁月是一把锉刀，有没有将你最初的梦想和坚持都磨平了？有没有把你变得不再是你了？

讲故事终究是讲故事，留在心底的自己到底怎么样？那个最原始、最真实的自己你还记得吗？这一切需要你不停地回望，不停地告诉自己那份初心是什么。

不忘初心，方得始终。

第 5 章

讲故事的细节

小时候写作文，老师说得最多的便是细节。

老师会在每次写作文前后，不停地强调："细节，细节！一定要注意细节，细节才能让故事看起来真实，才能让我们表达的情感更能打动人心。"

后来自己进行文学创作，才发现老师说得的确没错，无论是小说还是影视文学剧本，细节最终呈现与否或呈现得是否成功，与一个项目"生死"有着很大的关联。

细节决定成败。

其实不只是文字的创作，文艺是相通的，不管是舞蹈、表演还是声乐及其他，细节的展示都是非常重要的。

情感和情节不管是直接的还是含蓄的，准确和引起共鸣都是作品传达的关键，而这一切都是通过细节的把控才能做到精准。有效细节给得越多、越准确，成功概率就越大。

只是，不同的艺术种类其细节的表达方式也是不一样的，不同的题材其细节侧重的点也是完全不同的。

对于影视剧创作而言，细节涵盖了语言、心理、动作和氛围，在文字层面上，是必须将这些传达到文字中去的。只是影视剧是一门综合性艺术，剧作只是传达了编剧对影视剧创作的内容和要求。而一部影视剧作品最后的展示却是各方面的，最终的呈现可能大于剧作。当然，弱于剧作也是有可能发生的。

"讲故事"则相当于影视剧最终的呈现。如果你是一名故事讲述者，那你既充当了编剧，又是一名导演，也是摄像，还是一名演员，你所呈现的细节就是"讲故事"所有的细节，你便是这个"故事"的缔造者、操控者、表演者，是整个故事的全部。

那么，如何通过细节来传递你的诉求和你的给予呢？

从最初腹稿准备开始，到一场发自肺腑的展示结束，每一个阶段都不能忽视，每一个阶段都应充分表现好细节，才能最终完美呈现"故事"的魅力。

熟悉的套路，不熟悉的讲述

如果期望自己的表达能够做到 80 分，乃至更高，想让自己讲的故事引人入胜，听众不离不弃，那请回归本真，从故事最初的脚本开始，不要打腹稿，而是好好地用文字记录下来并完善它。这是故事讲述成功与否的前提，一个好的脚本会帮助你完成下一阶段的"讲故事"，从而成功吸引到你所想吸引的群体，传达你想传达的信息。

首先，不要担心你的故事别人曾讲过、是不是有新意，大胆地设定它，组织你的脚本。

本书前文就提到过一句俗语——太阳底下无新事。

中国上下五千年，从先秦、唐宋再到明清，能说的故事差不多都说尽了。莎士比亚的《哈姆雷特》还可以撞梗吴承恩的《西游记》"除妖乌鸡国"，还能有什么新鲜的故事核呢？

这两个故事都是叔叔杀死国王，霸占了王后，王子进行复仇。

会讲故事的人都这么讲

你看，大师都有可能撞同一个故事，何况你我。只是同样的故事，在吴承恩的笔下和莎士比亚的戏剧中呈现了两个极为不同的故事表象，大相径庭。这种例子还有很多，中国戏曲中才子佳人一系列的姻缘佳话，都是换汤不换药，万变不离其宗，但是对于一代又一代的听众而言，听了千遍万遍，台上的故事演绎了一年又一年，依然让听故事者落泪，替古人担忧，对这些故事的热情，一代代听众没有丝毫减退。爱情依然是那份爱情，从《诗经》开始盛演不衰，只是讲故事的方式不一样罢了。

从早期的《牡丹亭》《西厢记》《桃花扇》，到后期的鸳鸯蝴蝶派小说，再到琼瑶、亦舒以及一系列的纯爱文学以及影视作品，爱情无非两个人的相互吸引，本质是没有改变，改变的是讲述。故事的细节和编排是改头换面的原因，同样的故事不一样的讲述，完全呈现出两种不同的状态。我们看的琼瑶电视剧，男女之间唯爱至上，爱情便是他们的一切，爱可以建立一切也可以摧毁一切。这几年，荧屏亦舒大热，我们看的亦舒电视剧，不管是《喜宝》还是《玫瑰的故事》《我的前半生》《流金岁月》等，还是在说爱，只是爱里引入了很多社会的对抗、生存的对抗，故事变得丰富起来。只是，本质并没有变化，还是爱情，依然是人类永恒的话题。

除了爱情，悬疑剧这一点也非常相似。夜黑风高，杀人越货，几千年来所有的传奇、公案都是这么写的。但不同的侧重点，故事传递给他人的感受便完全不一样。

拿可以当作悬疑剧看的谍战剧《潜伏》和《黎明之前》举例。《潜伏》在男主角和女主角的身份关系上没有丝毫作伪，也就是说，从一开始编剧就没有想过去隐瞒观众，没有想过在这两个人的身份上让你心生悬疑感。我们都知道，电视剧的前几集多么重要，如何吸引观众不弃剧、追下去，前三集是关键，第一集是关键中的关键。在这几集里，我们看到的是男主角、女主角身份隐藏如何能维持下去，如何不被敌人所知晓，他们的身份观众是全知的，他们的危机也因为观众的全知而变得清晰。

《黎明之前》的开篇却隐藏了主人公的身份，观众只知道上海国民政府中央情报第八局情报处里有一个潜伏者，到底是谁观众并不清楚，但是观众知道他做了什么、有哪些危机，这样的方式让观众去猜测究竟谁才是那个潜伏下来的共产党。在电影《风声》中，这种方式更为明显，人物众多却并不告知观众谁才是我党潜伏人员，观众的兴奋点和关注点就在猜测每个人的身份上。

侧重点不同，故事布局和讲述便完全不一样。

有时候，编剧会在一部戏里根据剧情的需要对人物进行一些技术化的处理，即对身份和性格的隐瞒。

香港电视广播有限公司（TVB）的经典热播剧《金枝欲孽》中，几个主要人物因为性格的不同，编剧在讲述上也进行了一些取舍。在如妃的塑造上，编剧需要完成一个飞扬跋扈、受宠正盛、不把所有人放在眼里、心底却又有一些居安思危的宠妃形象，编剧的笔法则完全张扬开来，将一切都袒露给观众看，给观众的是全知视角。在剧中其他人眼里，如妃也是一个直接的、霸气的狠角色，是没有瞒观众也没有瞒剧中人的，她的火力也是最直接、最猛烈的，气场可谓全开，让人敬畏。在写尔淳这样的人物时，却是选择了瞒剧中人而不瞒观众，让她显得颇有心机，步步为营又懂得隐藏锋芒，不疾不徐规划着自己的每一步棋，人物性格与写作方式相得益彰，尔淳的形象也变得更立体，双面性格在这种写法上显得更加自然且纠结；同时，将她背后的故事也事无巨细地全部告诉了观众，让观众对她恨不起来，佩服尔淳的胆识和能力。再到玉莹这个角色，观众在前几集中看到的却是一个"傻白甜"。这一角色的创作编剧颇费心思，用了很多办法，对观众藏着写，藏而偶露，让细心的观众从一些细节中可以看出一些端倪，却只能管窥一豹，不细心的观众则完全看不出来；对剧中人也同样藏而不露，玉莹表现出来的完全是她性格相反的一面，所以当她的真相揭露出来才让人觉得反转，颇耐人寻味。同时，玉莹暴露出来的性格和细节也展现了她真实、急躁的一面，在后期的反转过程中，观众也不会觉得突兀。

所以，人设该露多少、该藏多少和故事是息息相关的，这是人设上的细节，也是故事设定一个细节。在写脚本之前，我们需要想到并定下来的。

人物如此，故事也是如此，如何讲一个故事，如何编排它的故事内容。同样的故事，不一样的编排细节，给予受众则是完全不一样的感受。

读书时，老师教我们写记叙文，会问"倒叙还是顺叙"？这个很重要，其实就是给阅读者的期待值是不一样的，如同人设的藏与露，这里就是故事的藏与露，到底要不要把底透露给观众，这也是我们讲故事之前需要考虑的问题。

我们再来分析一下《还珠格格》《延禧攻略》以及《如懿传》这三部宫廷剧。

会讲故事的人都这么讲

《还珠格格》第一部的开端是故事中"李代桃僵"的结果，假格格上了花轿，真格格的哭喊声被人群的喧嚣淹没；第二部开端则是两个格格要砍头，格格到底怎么得罪了皇帝？这是个悬念；第三部的开端则是五阿哥和尔康领导清兵与缅甸军队的一场大战，以惨败告终。三部都将故事中最重要的节点亮给了观众，编剧没有想隐藏这一结果，但同时也制造了另一个悬念，究竟他们是怎么到了这个地步的？那就等这个开场结束后，编剧细细地告诉观众。虽然舍弃观众对结果的探索，但这种悬念也如同一个"钩子"勾着观众继续对下面看，对人物究竟为何会得到如此的结果产生了追下去的念头。

而《延禧攻略》中的魏璎珞一开始给的是她的任务：进宫的目的是要找寻姐姐真正的死因，为姐姐报仇。这一目的让主人公进入了一个非常复杂且危险的境地，让人禁不住为女主角的危机担忧，这非常符合爽剧特点——女主角所向披靡，过五关斩六将，最终达到想要的结果。也让观众一步步跟着女主角走进宫中，一路爽下去。

至于《如懿传》，它非常符合正剧的创作模式（当然《如懿传》并不是历史正剧），这种创作方式给人以厚重感、一种生活化的可信度，从一名少女慢慢成长为皇后，是很有代入感的，也是化技巧于无形的。对于创作者而言，这类剧所需要抓住观众的东西更细、难度更大。所以，生活化的细节在这部戏里有更大的展现。

其实，任何时候这些故事的形式细节都是可以互换的，也是可以在讲述的过程中随机应变的。细节为我所用，怎样舒服才是最好的表达方式，这些讲述的模式、细节方式融会贯通，也许在生活中更能达到事半功倍的效果。

偶尔的停顿、思考，让对方产生共鸣感

韩国电视剧以唯美的画面和动人的情节在我国曾刮起了旋风，并经久不衰。那么，韩剧的情节和桥段到底高明在哪儿？成功在哪里？实话说，它的情节、桥段、人物设定在国产剧里并不鲜见，而且有些情节和设定国产剧可能远远早于韩剧，比如穿越，比如外星人、妖怪类、奇幻类，生活化的故事和细节更是比比皆是，撞梗众多。但在看韩剧的时候，我们看到的却是不一样的感觉。一是因为韩剧的服装、化妆、道具、场景的精良，演员自身条件不错，唯美的画面为他们加了不少分，还有就是不一样的讲述和细节的掌控。

很多韩剧或多或少都会有唯美的场景作为浪漫氛围的输送，而并不承担传递实质性内容的讲述任务。一方面，这种浪漫氛围是情感戏的需求，可以满足观众"粉红泡泡"欲，即对爱情美好的憧憬；另一方面，这种浪漫的氛围其实需要故事稍微停顿一下，在情节上起到了延宕的作用。

是的，偶尔的停顿在故事讲述中会有很多意想不到的效果。

电视剧《来自星星的你》在第一集前的引子部分（即电视剧序幕还没有播放之前），外星人都敏俊来到地球，救下了一个女孩。随后，画面却直接转到了当下，已经过去了很多很多年，编剧运用上帝之手，将原来的故事讲述硬生生打了一个逗号，这便制造了一个巨大的悬念，这种停顿让观众好奇，数百年后的都敏俊和那个女孩到底还会不会见面，还能再续前缘吗？如果延续下去，他们的爱情将以什么样的形态继续呢？一直到第一集的结尾，编剧才再度放下一个钩子，这个女孩转世之后再度遭遇危险，于是再次被都敏俊救下，如此解除了第一次给观众设置的悬念，同时也将男女主角的命中注定架构起来，还抛给了观众第二个悬念。当然，发生在古代的那个故事被救下的那个女孩结局到底怎样，依然还是停在那里，给观众埋下了一个伏笔，可谓一举多得，给观众留下了等待的欲念，起到了很好的戏剧作用。古代的这段情节也被编剧通过上帝视角分割成小份的一块一块，分布在每一集的开头，起到了很好的承启作用，又很好地用分隔符拉满了观众的期待。

电视剧《爱的迫降》也是如此。男主角救下乘滑翔伞无意

会讲故事的人都这么讲

跌落朝鲜的女主角，在观众很想知道后续结果时，编剧按下了暂停键，偏要将笔触落在了男主角的生活环境上。通过对男主角生活化环境的描述，编剧交代了整个故事构建和规则，同时也留下了让观众思考的时间。编剧按下暂停键却依然给予观众很多两人生活环境的细节描述，大环境的危机感非常容易引发观众的思考，观众随即想到的就是男女主角即将要面对的生活问题，而停顿会让观众的期待感渐渐拉满。这种停顿便完成了讲述者的需求。

日常生活中，我们也会经常遇到这种情况。记得小时候，母亲哄笔者睡觉时讲一个故事，母亲可能因为哄累了或者是有其他事情要去处理时，就会强行按下暂停键，说道："睡觉吧，明天再讲。"这时候，那种欲望和思考会让笔者很难平静下来。其实，几乎所有的电视剧都喜欢在每一集的最后如此结束以抓住观众的心，留下一个悬念，强按暂停键，让观众有更多的时间去思考、去期待下一集的播放。

我们当然可以用这种方式拉满听众对故事的追逐和期待感，同时也让他们主动进入自己的编织和设想中……

那么，这种暂停键到底应该怎么按呢？

首先，故事讲述者要找到一个很好的点进行停顿，这个点是令听众有期待感的、有思考的、有自己想延续故事的想法，甚至动用自己的脑子去思考这件事后面会怎么发展。像前面提到的《来自星星的你》和《爱的迫降》，都是在极具戏剧性的时候停了下来。这个点要能足够让听众有兴趣、有期待，讲述者才有机会。

其次，后面如果继续交流，虽然我们不聊前面那个点的生发，但是后面聊的点是否和前面的事情有关联、是否提供一些信息、是否透露一些资料，都会令对方有足够的好奇，又产生一些新的探索欲。这样才能让前面下的"钩子"欲断还续，拉满期待感，也令听众加深了思考和期待且没有撕裂感。

当然，思考得越多、期待感越足的时候，对于讲述者而言就是越危险的时候。因为听众的期待感越拉满，讲述者给予的必须越多才能达到平衡。所以，后续在什么时候续上也很重要，续上的点最好高于对方的期待值，但又不会高很多，延续性的交汇则是最好的方式。

最后，一张一弛在截断当中也很重要。前面足够紧张和足够期待了，后面便要松弛下来，让听众可以缓一口气。在电视剧里，此时一般会有一段舒缓的背景音乐，人物、情节都适当放缓一些，让观众舒缓一些，才能更好地完成后期的张力。

会讲故事的人都这么讲

除去故事情节的停顿，有时候语言上的停顿和舒缓也是拉满对方期待感的一种方式。

笔者有时候也会参与到一些社会活动中，发言是必不可少的，最初会因为有些紧张，语速会很快，几乎没有什么停顿。一位主持人朋友告诉笔者，如果要让你的谈吐显得高级，必须将语速放缓，让对方感受到一种从容；适当的时候，可以利用停顿来引发对方对你的注意和对你讲述内容的注意。

首先，这种从容可以让你把发言做得很好；其次，这种从容传达给对方的是，可以让对方更好地把握你的逻辑；最后，适当的停顿还传递给对方一个信息点，即我需要你跟着我的节奏思考。停顿既有强调的功能，当然还有整理自己的思绪、让下一阶段的讲话更加从容的作用。

很多人都夸赞《潜伏》中画外音说得非常棒，那种抑扬顿挫感让人过耳不忘。而对于一部谍战剧而言，悬疑感、思考时间以及期待感都是非常重要的，适当的停顿、气氛的延宕这些细节在画外音的讲述中，可以说做到了淋漓尽致，为电视剧的节奏加分不少，给予了观众听觉上的享受。如同笔者那位当主持人的朋友所说的，满满的高级感以及和听众引发的共振。

在刘诗诗、倪妮主演的电视剧《流金岁月》中，陈道明扮演的叶谨言在人物塑造上也运用了这一手法。叶谨言是一家公司的老板、商界精英，所以陈道明的表演给人以沉稳、内敛，非常有气质。在台词上，陈道明运用舒缓的讲述，给对方一种威严感和权威性；同时，话语间适当的停顿以引发对手的思考。

剧中，有一段叶谨言半夜在公司偶遇倪妮扮演的沈锁锁加班的桥段。陈道明的台词颇见功力，时而轻缓，时而停顿，时而微笑而语气重音明显，将一名中年男子的心境表现得极好，对商务和工作的掌控和拿捏以及对一个女孩的爱而不求的内心复杂也都表现得极为精准，通过适当的停顿表达得极有层次感。

这种层次感和陈道明表演以及台词功力有很大的关系，同时剧本也给予了极多的细节和"点位"，为他提供了发挥的空间，从而达到这样的效果。

所以，一个好的细节（停顿也好，故事情节的延宕也罢），都是各方做到统一才能取得成功的，好的脚本（在电视剧中是剧本，在聊天时是腹稿，在工作汇报上是发言稿）加上成功的讲述，语言、表情、肢体几方面相辅相成，相得益彰，才能获得最终作品的惊艳。

影视剧极致设置，让观众做选择题

　　无论是和人闲暇时的聊天，还是情侣之间的交流，抑或是工作中的业务汇报、年终总结、升职述职等，我们都希望在交流过程中能得到对方的回应，一来一往，我们的交谈才会变得生动而有趣。

　　对方的回应是我们说下去的动力。有时候，即便不是语言，如对方给予我们眼神和肢体的肯定和共鸣的输出，也会让我们在讲述的过程中得到鼓励，从而会让我们的讲述更加顺畅、更加积极。

　　所以，交流很重要，互动很重要，我们并不希望"讲故事"的时候面对的是一堵墙，或是对牛弹琴。讲是输出也是得到，是表达也是索取。

　　影视剧其实是一个单向输出的媒介，但是影视剧往往也会利用"讲故事"的特殊手段与观众进行互动。先抛出问题，让观众思考，再通过细节的渲染给出一些证据，观众便跟着这些证据往前走，最终再给出答案。观众有可能会说："呀，编剧还是比我想得高明很多！"或者"天呀，我和编剧竟然想的是一样的！"当然也有可能翻白眼："这个编剧太俗套了，还不如我编得好。"不管怎样，这证明影视剧与观众已经有了一次完美的互动，在情绪上双方已产生了共振，并延续了整个故事情节。如果观众得出不好的结论，真的翻了白眼，或许能引发影视剧创作者更多的思考。

可以看出，这种互动是建立在抓住观众思绪的基础之上的。

而极致的选择更是要把观众的思绪放在烈火上炙烤，让观众与剧中人物一同经受命运的摧残，观众也会随着故事的发展得出自己的判断与抉择。

无论是什么影视剧，如果它想成功，就必须构建出人物与观众的心意相通，有了共鸣，每个人的命运都会牵动观众的心。在看《甄嬛传》时，观众会觉得自己就是甄嬛、眉庄或者是其他小主；在看《都挺好》时，观众也会觉得那些事、那些抉择都是在跟着自己的思维慢慢往前滚动的，那些人物也是自己熟悉的街坊邻居、熟悉的人。这种观众主动和角色对标，是影视剧与观众情绪共鸣到达一个点之后产生的，也是一部影视剧成功的所在，证明它拨动了观众的心弦，而这种情绪共鸣正是因为故事中人物的抉择产生的。

电影《唐山大地震》将这种抉择推到了极致且特别显性，有倒计时的紧张，也有二选一的痛苦。

因为地震，房屋坍塌，一块水泥板横贯在缝隙之中，两头同时压着一对姐弟中的一个。不管救哪一方，另一方将因重心不稳、倾斜而下的水泥板压成肉泥。这一次递给母亲的是生死抉择，也是极限的撕扯，如此电影给了一个情节延宕的时间，同时也给出了母亲撕心裂肺的渲染。大雨、震后的破败的世界、空间的摧毁、极为压抑的天空与大地的混沌，这所有的细节同时也传递给了观众，母亲的抉择、按下哪个键是戏剧的高潮，观众的大脑也会随着这种宣传不停地思考："如果我是母亲会选择谁？这个母亲到底要怎么去选择？"

这类极限抉择在很多影视剧中都承担了戏剧高潮的前序，影片《金陵十三钗》到底是学生赴日本人的约还是妓女们假扮学生们去赴约，同样也是一次抉择，只是比起《唐山大地震》这里的重点放在了人性的光华上，是对人性善的一面做了极大的展示。

同样，电视剧《甄嬛传》用了一壶毒酒做了一场生死抉择。当甄嬛拿着皇帝赐的毒酒递给果郡王喝时，一切了然，果郡王喝不喝？喝了，自己毙命；不喝，甄嬛的下场可想而知。如此抉择令观众对果郡王和甄嬛两人的命运心悬一线，提到了嗓子眼，同时也对两人彼此的情感做了最深的考验，给观众带来了不一样的感官体验。

TVB 获国际艾美奖的长篇剧作《火舞黄沙》，同样也做了这样生死抉择的桥段。男主人公最后被山贼所抓，本是聋人，又被刺瞎双眼，面前两个女子，一个是和自己同甘苦共患难的妻子，一个是心意相通发乎情止乎礼的女人，这一次必须盲选……

这类情节在好莱坞的超级英雄剧当中经常出现，到底是救遭遇风险的一群人还是救那个身处厄运的爱人，二者只能选其一，选择一个必须抛弃一个，英雄的选择牵动人心，最终也绝对是正能量的选择，是"高大全"的。不过，编剧的上帝之手一般会让他们两全其美。但现实生活中，我放下搬砖的手才能拥抱你，但我搬起砖头才能养活你，现实的两难会更让人伤感和绝望，是真正的二选一，是《唐山大地震》中徐帆扮演的母亲撕心裂肺的哭泣……

当娱乐选秀节目火热之后，这样选择的桥段便一而再、再而三地在荧屏上被引发、被启动。两个选手最终选择哪一个，从早期的《快乐女声》《超级男声》到后来的《青春有你》《创造101》等PK赛制，让这种抉择变成每一场比赛的高潮，现场粉丝声泪俱下的声援，电视机前观众的心也随之揪成了一团，如此也达到了编导们讲故事的目的。

在平台辩论综艺《奇葩说》中，很多选题都是这样让人难以抉择，又能深层次激发人的共鸣，从而引发广泛的讨论。"选择大城床还是选择小城房""选择救猫还是救画""我们要不要选择'安乐死'方案"，当我们深入地思考这些问题时，其实也就带入了自己的一个重要抉择，让自己处于在烈火上炙烤的煎熬，在思考完这些抉择，也许我们的内心也会发生变化，我们可以懂得更多人生或社会的道理，我们也会更多地去理解他人，即讲故事的人，我们可以与给我们抉择的这个人或节目产生共鸣。

"谁是凶手"与"这个凶手何时落网"
——悬疑和悬念

在与你的受众方交流时，我们说，拉满对方的期待感是非常重要的，那么期待感从哪儿来呢？其实就是受众的探索欲，这种探索欲往往来源于你讲述的故事或情感的悬疑感和悬念感。

对于影视剧来说，涉案剧是更需要悬疑感和悬念感的，但这并不是涉案剧的专利，其实任何故事都是需要悬念的，包括相声小品里的"抖包袱"，都是期望制造一些观众期待的悬念，来勾着观众朝前走的。

涉案故事在日本的小说界被分为本格推理和社会派推理两大类。本格推理便是通过现场的蛛丝马迹，不借助外界人物关系来进行的推理；而社会派推理，更多的其实是通过人物的前因后果来进行推理的，就一般影视剧而言，社会派推理会占得更多，因为贴近生活。在日常生活中，我们很少会作为一个案

会讲故事的人都这么讲

件的发言人去叙述一个案件。但如果我们有了一场表演性质的"讲故事",也许制造悬疑和悬念可以成为这个故事最核心抓人心绪的砝码。

人和社会是分不开的,每个人来到这个世界上便有了他的社会属性,这种属性有天然的血缘关系也有后天的情感关系,它们像一张网将主人公网牢在人脉关系中,因此社会派推理更接近与现实社会的状态。

大多数社会派推理给人展现的悬疑是,一众作案嫌疑人到底谁是凶手。而展现更多的悬念则是曝光了这一罪犯(杀人狂),他究竟什么时候才会落网,二者都是可以抓住人跟随故事往下看的。

笔者的拙作《破茧》将嫌疑人的悬疑和究竟何时落网的悬念都囊括其中,可以很好地诠释二者的区别以及给予观众带来的刺激。男二号文白为掩盖少时的杀人真相,不断地杀死曾经的目击者。这些人都是因为这样或那样的原因用当年的证据威胁过他的人,为了岁月安稳他必须将这些人除掉,于是,他一步步走进了不可折返的深渊。对于文白个人而言,是痛苦;而对于观众而言,大家都知道文白是杀人凶手,文白如何落入法网和最终落入法网以及个人内心的纠结和忏悔是观众所需要的故事结果，也是观众期待看到的桥段、是故事的高潮。如何落入法网和最终落入法网这个过程便是悬念。为了增强可看性，这部电视剧也掺杂了若干小案件，这些案件牵扯了男一号、文白的同父异母兄弟景天的命运，同时也联系着两兄弟的情感与纠葛。其中，每个小案件都有好几个嫌疑人，而真正的罪犯不到小案件结束的那一刻也不会显山露水，这便是大众常见"谁是凶手"的悬疑。

事实上，日本知名动画片《名侦探柯南》也同样运用了这一模式。故事大的脉络是将柯南变小的坏人到底什么时候落入法网，这是悬念。而每个小故事真正的凶手到底是嫌疑人当中的哪一个，这个是悬疑。一直到今天，"柯南"已经播放了1000多集，这个悬念还没有揭开……

东野圭吾的小说和影视剧，很多在故事的一开始便告诉了读者／观众罪犯到底是谁，或者在故事发展过程中不回避罪犯暴露给读者／观众，但是却不说出对方是如何作案，以及究竟何时才会在故事中暴露，也就是笔者前文提到的瞒剧中人而不瞒观众。无论是为保护女神而甘愿杀人的数学天才的《嫌疑人X的现身》，还是为保护女儿杀人而冒名顶替多年的父亲的《祈祷落幕时》，这些故事因为对主人公有着强烈的纠结感，而主人公又是罪犯，家庭和朋友关系的好人和法律界定的坏人二者集于一身，导致观众对他们产生了强烈的同情与无奈。如此，最终的结果、他们如何暴露便成了非常重要的一笔，也牵动着观众的心。

但阿加莎的作品却不到最后一刻也不会将凶手暴露给观众或读者，像她著名的一而再、再而三被翻拍成经典影视作品的《尼罗河的惨案》《无人生还》《东方快车谋杀案》，都是众多嫌疑人、凶手却未知。如此悬疑感顿生，观众无法对嫌疑人命运产生担忧的情绪，而是对"谁是凶手"产生兴趣，凶手是如何作案产生了悬念感，并同时开始跟着编剧一起循着蛛丝马迹进行破案，一点一点理清故事的源头到底发生了什么。

细节不只是穿什么衣服、戴什么发饰，细节还是你我心里的变化

在写作中，我们通常提到"细节是人物的形象、外形"。笔者的语文老师曾告诉笔者："如果有足够的篇幅，应该细细地描绘这个人物的形象，重点突出他的性格；如果没有足够的篇幅，那么就写这个人的眼睛，眼睛是心灵的窗户，眼睛写好了，这个人的性格也就完成了。"当然，场景的描写、天气的描摹、人物心情的渲染，也是不可忽视的细节。

写作老师讲得非常对，其实讲故事也是这样的。但是，讲故事也许目的性更加明确、垂直、单一，也更加直接，那就是从讲故事开始到结束，这些细节是否让讲故事者和听故事者的内心都起了很大的变化。而这种变化可能是改变一种想法，或是加深加强一种想法，这些才是讲故事真正需要的细节。

编剧在创作影视剧本时，对人物外貌特征、风景描写都是非常有限的，因为这些文字只是给编剧和导演的一个提示，真

会讲故事的人都这么讲

正用到影视剧的呈现上基本没有什么作用，那些都是服化道和导演的事情。那么，编剧需要用什么传递细节呢？一是语言，二是动作。二者都是传递人物心理细节的重要组成部分，也是影视剧本的重要组成部分。

在电视剧《黎明之前》中，吴秀波扮演的地下党手臂受伤，这一疏漏在第一集里并没有予以正面描述，而是借助对方阵营的人口中说出"案发现场有人受伤"，而此时，观众看到吴秀波扮演的人物的手臂并不灵活等细节与之相对应，让观众有了自己的推断。在《隐秘的角落》中，张东升这个人物是杀人犯，从一开始便已交代给观众，所以当大家发现了张东升换掉妻子的口服药的细节时，大家知道张东升又要杀人了。

有些细节还需要时间的停顿和延宕，以达到紧迫感的效果。我们常说，真正可怕的是战争前准备的那个大雾弥漫而安静的清晨，因为都是等待。电视剧《悬崖》的第一集，女主角是组织上派来与男主角以假夫妻身份合作进行情报收集、传递工作的，他们却并没有见过面，男主角连女主角的照片也没有看过，而此时，男主角来接她，同时陪伴他来的还有敌方阵营的同事，他和她必须通过细节，在短时间里判断出对方就是自己要找的那个人。夫妻关系是非常亲密的！稍有不慎，二人暴露出哪怕一点点生疏，便全盘皆输。

电视剧中，在月台等待的男主角让观众心拎了起来，男主角看似平静，但众多小动作也暴露出男主角的紧张，这一切通过情节的延宕，不及时给予观众结果，而引发观众的焦虑心。观众期待看到结果的呈现，这便是细节所要达到的目的。

有时候细节不只是氛围和人物的塑造，同时也会带来整个故事的发展，以及人物关系的提升。

电视剧《都挺好》中，男主人公鳏夫苏大强丢在地上的是一首打油诗的诗稿，保姆蔡根花捡到了，于是用抑扬顿挫的语调朗读了起来。这首打油诗写得并不好，但蔡根花一顿猛夸，让在现实生活中没有依靠和无人崇拜的男主人公瞬间对保姆拉满好感。这段情节，蔡根花提到了两个信息：一是"我和你一样都是文艺爱好者，我崇拜你"，二是"我曾经是村广播站的播音员，我以后可以和你探讨诗歌"。从这两个信息可以得出"我有你的精神需求，我们是合适的"的结论，从而达到蔡根花的目的。对于编剧而言，这里首先暴露的是这对男女的精神需求，其次是他们接下来的打算，发出信号，拉满观众的期待值，如此也完成了这段戏所有细节所要达到的功能，这一条重要的支线也由此展开，推动故事的发展。

会讲故事的人都这么讲

所以可以看出，细节不只是形象、氛围，也不只是环境、动作，还有人物内心的波动。你"讲故事"的时候，所传递的情绪改变是否传递给了听众，他们的心情细微的变化是否与你传达的一致、是否在一点一点地转变，这些和上述的因素都有极其重要的关系，相辅相成，不可分割。

笔者在手机某平台上，经常会看到几位大妈在村口或者筵席上聊天的视频，语言完全被抹去，用的是配乐，但大妈们绘声绘色的表情已经传递给受众信息了，那就是她们对所聊的故事中的主人公是喜欢还是厌恶。大妈们的肢体语言也是强烈且直接的，这个主人公是否身败名裂就在大妈们的这一"战"了。主人公形象通过大妈们的诠释，在受众内心深处堆叠，做到让受众了然于心。

从某种程度上而言，大妈们是细节的把控高手，在讲故事的过程中，表情和动作已经很好地诠释了对故事主人公的态度，饱满而自然地将个人观点有效释放给了受众。尽管我们不知道谈话内容，但是大妈们已然完成了讲故事的部分功能和目的了。

在现实生活中，我们通常会说一个人有表演成分，是表演型人格。表演就是将某件事或者某个性格突出，让对方一目了然，一眼看到我的目的。因为这种人格，才能让大家短时间内记住一个人物形象。不管是《花千骨》里小骨的可爱，还是《知否知否应是绿肥红瘦》里盛明兰的洞悉世事，或者是《楚乔传》里的楚乔果敢，演员都是赵丽颖，却让人感受到每个人身上独特的气质和他们的任务。这里有剧作的人设、细节的渲染，同时也有演员个人表演的细节加持，完成了每一个不同独特的人物形象。

细节就是这么重要

"讲故事"实质上是全方位的。如果拿一个影视项目做比较的话,"讲故事"应该是项目的完成和呈现,是电影开场的那一刹那,是电视剧播放的第一集,也是舞台剧拉开帷幕的开始。

所以,"讲故事"的细节不只是脚本,也不只是情节,还有后期的表演,一个眼神、一个停顿、一个举手投足都是细节的表现,演员是将情绪和故事外化最好的一群人。在观看影视剧和梳理编剧如何架构这个故事脉络时,也可以仔细揣摩一下演员在表演过程中的肢体语言、表情和语气。毕竟,所有的一切汇合在一起,才是"讲故事"真正完整的细节。

生活中,或甜或暖或怒或伤,让人动容的均是细节。

从这一刻起,好好揣摩一下细节,将你的情感表达出来!

第 6 章

讲故事的节奏

　　笔者第一次听小提琴协奏曲《梁祝》大概是七八岁。那时，笔者从未接触过音乐，并不懂曲子里小提琴的音乐是在传达什么。但音乐时而激越澎湃，时而温婉缠绵，那种情绪能从音乐节奏中迅速地传递给了笔者，足以令首次听到这首曲子的笔者难以忘怀。

　　很多人应该都会有和笔者一样的经历吧。听一首交响乐或一首丝竹民乐，可能完全听不懂，并不知道其中的内容以及音乐的背景等，但依然可以从中感受到情绪和氛围，可以跟着音乐的节奏相呼应和，达到自己和音乐的共鸣。乐感好的，或许还能听得泪眼婆娑，无法释怀；乐感一般的，也可以感受节奏中饱含的深情，或悲伤或喜悦，通过音乐传达到位。音乐的魅力就在这里，音乐表达情感是最直接的，而这种直接来源于音乐的曲调和节奏。

　　节奏是音乐传达意蕴的一个重要环节，是传达情感的一个重量级武器，音乐是纯粹的且感性的。

　　所以，我们经常会在电视剧的某个段落听到音乐声和画面、情节融合在一起，成为不可或缺的表现手段之一。

音乐烘托了氛围，比如紧张的场面，音乐节奏也会变得更紧张。令人津津乐道的影片《卧虎藏龙》中，杨紫琼和章子怡的一段打斗戏就用了鼓点音乐来进行应和，那鼓仿佛敲到了人的心里。展现情绪哀婉缠绵的桥段时，音乐更是起到助攻的作用，比如电视剧《新白娘子传奇》中屡试不爽的黄梅调，情感渲染得浓墨重彩。

对于影视剧创作而言，节奏也是创作者应非常注意的环节。在影视剧创作时会经常提到两种节奏：一种是"故事节奏"，另一种是"情感节奏"。

我们在看一部影视剧时，感觉这部电视剧的节奏非常快，有一种被故事带着往前走、欲罢不能的感觉，这就是故事节奏。它是故事推进的速度，通过故事情节的张力、推进和发展来吸引观众。故事讲得好，节奏把控得好，当然会让一部作品获得观众的追逐，如《延禧攻略》《琅琊榜》等连续剧都是以故事节奏取胜的。推进故事是这类剧的一个主要目的，也是制胜法宝。在故事内容的编排上，编剧使出了所有的力气，详略得当，节奏起伏，张弛有度。

　　当然，情感节奏对一部好的剧作来说，也是非常重要的。这里所说的情感节奏，是指故事中人物的情感，比如男女主角爱情的进阶点，比如故事中一个家庭成员内部的矛盾、冲突等。但情感节奏不仅仅包括这些，有时候情感节奏讲的是观众与影视剧氛围的共鸣。我们经常说王家卫的电影没有很清晰的故事，无论是《阿飞正传》还是《花样年华》，传递的是一种氛围、一种气质，从氛围气质中，就寻找到导演所要表达的内容，但同样不会让观看者觉得拖沓冗长。还有侯孝贤的电影《悲情城市》《海上花》等，皆是如此，其中一个非常重要的原因就是它们所传达的情感节奏与观看者达成一致，并达到了高度的共鸣，在一个频率上形成了共振。

　　如果说剧本是一部影视剧的底子，那么"讲故事"则是一个项目最后的呈现。讲故事是将脑海里或是纸张上的故事呈现出来，是将文字里的一切表演出来，它有了很多辅助手段，比如类似舞蹈中的肢体语言、戏曲中"语言"的运用和声调的不同，还比如讲述者的表情、情绪，等等。

"讲故事"同样需要讲究节奏，编排节奏以使自己的故事讲得更加精彩，带动听众的情绪，引起听众的共鸣。

从大方向掌控故事的节奏

当我们需要讲一个"故事"时，我们会不自觉地在心里下了一个定义：是传递给对方一个故事内容，还是通过这个故事传递我们的情绪，或者二者都有。那么，到底哪一个更重要、哪一个是为另一个服务的？这是人的本能，会立刻在内心进行定位和取舍。

但有时候，当讲述者进入一段讲述时，却很容易将这预先的设定给忘记了，这也是人的本能。因为人是有感情的，不会机械地去完成一个预设。当讲述者说到某一个情节时，很容易陷入自己的喜好，从而或多或少地产生主观的诉求，渲染某一个细节和情节，而忘记了大的结构和节奏。除非经过特定的训练和准备才会避免这种状况的出现，否则主观诉求和最初"讲故事"的目的一般会背道而驰，最终出来的效果会很拉垮。

这里有必要聊一聊影视剧创作的流程。从严谨的影视剧创作流程中我们可以看到，一个结构庞杂的故事如何从大方向去

会讲故事的人都这么讲

掌控节奏和结构，完成属于它自己的起承转合。

任何作品在创作直至完成的过程中，都有可能不受创作者的控制。所以，笔者经常会听到某个作者痛哭流涕地说"自己把某某角色写死了"；某位作曲家写着音乐泪流满面，或对自己创作的音乐恋恋不舍。一个有生命力的故事和一个有血有肉的人物是很容易在创作过程中自己生发出属于自己的生命，有着自己的灵魂。但是，如果电视剧这样做的话，很容易出现一些不可控的因素，单从创作来看，这样的方式也很容易出现结构和节奏上的失败，从而功亏一篑。

因此，电视剧从零创作时都会事先设定主题思想。有点像小时候老师经常让我们归纳一篇文章的中心思想，提炼作者想要表达的精髓——这则故事讲述了什么、作者有什么样的创作目的和意图。影视剧创作则将中心思想写到了最前面，在一个字都没有的前提下开始考虑自己的表达——这看似不经意的一个环节。如果把影视剧创作比喻成一场战斗，那么这个环节就是整个"战斗"的指挥棒，是一个戏的基石。做好这一步，才有了后面所有的流程，它会影响后期所有的创作。通常而言，编剧、出品人、制作人会在这个阶段考虑良久，讨论很长时间。当这个中心思想定了下来，我们才有了人物，有了故事框架，有了后期每一阶段的任务，最后才是镜头和台词。

剧本创作是一个烦琐复杂而冗长的工作，但是每一个环节都是必不可少的，所有的过程几乎都无法回避。

电视剧的主题阐述确定下来后，我们会在选择故事大体框架的同时，获得整体节奏的初步掌控，是选择情感节奏还是选择故事节奏，当然二者并不能完全地分离开来，只是谁更重要罢了。

对于讲故事而言，虽然没有影视剧创作那么复杂，但是一开始也是需要一个"基石"的，就是我们要说的中心思想。确定这个"基石"之后，才能真正地去准备我们的讲述资料，开始在大脑里进行选材，用哪些事例来阐述这一中心思想。此时，我们应该就可以确定大体的故事脉络了。

这时，不要马上去梳理故事，安静下来，仔细想一想，你要传达的到底是这件事还是你对这件事的态度。前者是叙事，后者是情感，将这一切确定下来，你便知道这次的"讲故事"重点在哪里了。

接下来，我们要做的是纵观整个故事，如何通过节奏将情绪顶点推到整个讲故事的唯一焦点上，这是我们讲故事的最终目的。

在此要求上，开始剪裁素材。从大的框架上掌握节奏，即如何从开始进行渲染，再到故事前阶段的激烈运行，加速前进，直至重点来临之前的情节延宕。

把整个过程想象成一次过山车，哪里是激烈的、哪里是储备的、哪里是释放的，都需要划出重点来，设身处地想一下听众在听到这个故事的同时其内心真实的感受。将你的故事与这种感受和期待保持一致。

将这一切做足准备，我们便控制了讲故事的节奏和结构，就可以信心十足地去试图用你的方式、声音、肢体烘托出来。

以电影《金陵十三钗》为例，这个故事讲述的重点非常明确：日本兵要求十三名女学生去军营唱诗（实则充当慰安妇），危急时刻，妓女们乔装改扮来替换学生们，慷慨赴行。这是整个故事的高潮，是整部剧需要表述的重点内容，所以节奏将为其服务。

电影的节奏也非常明晰。一开始，电影便制造了众多的故事悬念，学生们能否得救，战士们如何迎敌，妓女们如何来到教堂，这一系列的交代非常紧凑且迅速，细枝末节全部砍去，暂不交代或完全不交代，直奔矛盾，直奔危机，也直奔主题。

随后，节奏开始松弛下来，妓女和学生因不和的打闹，以及教堂牧师的不正经，等等。在硝烟弥漫的环境中，制造了一些生活化的气息和幽默，小冲突不断，让观众在紧张的氛围里得到一丝松弛。但节奏不能松垮下来，所以这种松弛不能太久。紧接着，几乎是突如其来的，子弹穿过玻璃打死了一名学生，随即节奏再度拉紧，奔泻而下，一浪高过一浪，危险逼近，部分妓女因为各种原因偷偷跑出教堂，最终被日本兵屠杀等，一直推进到重点，学生们准备集体自杀，妓女们大义凛然决定以身替换……

到这里，人物的情绪以及弧光、故事的整体氛围的渲染、故事的紧张感、生死的考验都已经铺垫到了极致，节奏几乎一气呵成，松弛有度，不累赘又不太过加速；同时，主题在故事的进行中显现出来，情绪节奏几乎和故事节奏完全一致。好的作品会兼具情感和故事，在这里又有故事客观的推动，也没少了情感的力量，因此让观众心绪难平。

当然，一个复杂的故事不可能三言两语一带而过，前期的铺垫会很多，这些铺垫是必须的也是必要的。但如果平铺直叙则显得冗长，那该怎么办？如何留住受众的心？让他们有耐性

会讲故事的人都这么讲

听我们把故事讲完整呢?

如果是这样的话,那就必须在前面冗长的布局中,找到更紧密的节奏感,找到前期的小高潮。《金陵十三钗》也同样在故事重点来临之前,设置了多个小的情节点和节奏高潮,让观众好似要松弛下来的神经再度绷紧。比如:子弹穿过玻璃打死一名学生;日本兵冲进教堂却没有找到人;其中一名妓女为了寻找琵琶弦偷偷溜出教堂,最后被日本兵所杀。这一切相对于大的高潮来说,都是小的重点,是为了让故事节奏变得更加张弛有度的设定,也让整个故事不那么沉闷,让观众有耐性地看下去。

一部电影的时间是 120 分钟左右,靠一个重点是不可能拿捏观众一直看下去的,小的重点同样重要,也必不可少。电视剧就更不用说了,时常动辄就是十几甚至几十个小时。当然,这些小的重点并不是孤立的,它同样构成和促发了大的重点的发生,必然将故事推到整个故事的高潮,也让故事的节奏和叙事变得更严密。

冲突的几种类型

"讲故事"的目的性是唯一的，即传递内容、情感和思想，如果把"讲故事"比喻成人体的心血管系统，那么节奏如同血液的流动，是有一定韵律的，然而这种流动的驱动，则是因为整个故事的冲突。冲突如同心脏，是一个阀，带动全身的血液起伏和流动。

冲突可以按照不同的方向进行划分，我们从生活实践的方向，将其划分为情感冲突、观念冲突、性格冲突和利益冲突四大类。我们和他人的沟通，一般一次性输出的只有一个冲突的内核，我们需要的只是将一个冲突传达清楚，做到准确输出。

影视剧更像是漫长人生的一个浓缩，是多线条的，是复杂的，是长的叙述。电影如此，电视剧更是这样，所以在影视剧中，我们可以同时看到多个冲突模式的出现或是四个冲突模式同时出现，互为存在，互相促进地推进着故事的发展。

编剧在创作一个影视剧时，当主题明确之后，会琢磨故事真正的冲突是什么，以及如何满足这种冲突的呈现。

在电视剧创作中，会分成各个阶段来思考主人公的冲突和矛盾。一般在某个阶段，围绕主人公的某种冲突会更加突出、更加明显，但过了这个阶段之后，这种冲突会渐渐回落，再起另外一个冲突。

电视剧《父母爱情》则是很明显的这种章节式冲突，每个阶段的冲突是极为明显且极不相同的。一开始，男女主角的冲突体现在对婚姻的看法不同、二人门第和习惯的差异，以及女主角看不上男主角；但两人结婚之后，这种矛盾和冲突迅速完结，进入了下一个阶段，这种方式也非常适合年代剧的讲述。但是，电视剧有时候会由表及里，表象如此，内质到底如何编剧心里是有数的。《父母爱情》不管阶段性矛盾怎样变化，内质写的还是男女主角共同对抗风浪，如此，冲突也就从大方向归结为爱的冲突，是他们在人生锤炼中得到了纯粹真爱的冲突。同样，TVB经典剧目《巾帼枭雄》《义海豪情》也是如此，无论是前者主人公四奶奶，还是后者主人公九姑娘，冲突都是阶段性出现在故事里，而且这些矛盾冲突各不相同，但放在大的时代中，主人公是在和时代对抗，是一种观念上的冲突。一个人和一个时代的冲突，也就奠定了整部戏的气质和基础。

如果从个人内心冲突进行划分，一般我们会将冲突划分为双趋冲突、趋避冲突和双避冲突三大类。

在分析一个人物（当然也包括分析自己）时，我们通常会考虑到，人都是有趋利避害的本能，所以害处超过益处，利益与良知情感相冲突时，便会产生内心深处的波动。

双趋冲突即我们常说的"鱼和熊掌不可兼得"。都是好的东西，但我们只能选择一个，不能都选，此时我们只能优中选优，将利益最大化。在影视文学作品中，我们经常会看到发生在情感上的双趋冲突，宝哥哥到底是选林妹妹还是选宝姐姐，或者云妹妹可能也是一个不错的人选。有些时候，剧中人物对这种选择并不模糊，反倒让观众产生了迷糊感，双趋冲突会让人产生两难的抉择。

一件事有它好的一面也有它坏的一面，趋避冲突是指要不要选择它继续做下去。对于主人公的一段爱情来说，那个让主人公喜欢的人物具有双面性，好逸恶劳但形象极佳、肯上进却无情商，或者是人不错却和自己的立场相悖，等等。到底是坐在宝马车上哭还是坐在自行车上笑，最终如何选择，让主人公陷入两难。

最后是双避冲突，即一个选择所有的方面都是不好的，但又必须去选择，那该如何在坏处当中选择最轻的。好比是杀头还是去宁古塔流放，都不是好事，只是看起来，好像哪一个更让你舒服一些。《还珠格格》中，紫薇知道小燕子已被皇帝错认为格格之后，有两个选择，一是说出真相，二是自己离开皇城，安于现状。选前者好姐妹小燕子必定会被杀，选后者自己将永远不能认父，都不是好的结果。紫薇最终选择了后者，这其中当然掺杂了情感的因素，但也是趋利避害的抉择。

详与略——一切为主题服务

我们都知道，所讲故事的内容都是为主题服务的。所以，我们的选材、节奏、表现形式都是为了我们要表达的主题，我们必须进行选材，对我们选择的素材进行删减，来达到我们所要的节奏。

影视剧是复杂的"讲故事"。影视剧编剧又是如何对素材进行取舍的呢？对我们的"讲故事"又有怎样的启发呢？

谍战题材是一类节奏紧凑、起伏感极强的题材。电影因为时长的原因，故事更比电视剧紧凑，所以一般谍战电影只完成一个叙事目的，这个目的需求是非常明确的。《风声》《听风者》是公认的两部比较成功的谍战题材电影，那么它们是如何做到详与略的取舍呢？

我们知道谍战题材一般会围绕以下几个主题展开故事的讲述：一是人物身份的甄别，这里当然有我党对敌对破坏分子的甄别，也有我党在险恶环境下如何应对敌对势力的调查；二是

会讲故事的人都这么讲

情报的运送，这里的情报不但包括情报信息，还包括军工专家以及军用物资；三是暗杀以及破坏敌人的暗杀、爆炸、投毒等行动。

《风声》故事的一开始便提到了敌人内部有情报被泄密了。敌人情报泄密被查，导致我党情报站暴露被端，潜伏人员也因此暴露了。幸运的是，敌人并不是已经锁定了某一个人，敌人掌握的是一群人当中有一个或者几个是我党的潜伏人员。于是，在一个乌云蔽月的夜晚，将这群人送到了一个秘密基地，进行一个一个的调查、监听以及审问；同时，潜伏在这群人中的我党情报人员的情报还没有送出去，而且必须尽快送出去，我党潜伏者开始行动了……

这是一个密室事件，编剧几乎是掐头谈起，敌人如何知道这群人当中有我党人员、情报站是如何泄露、如何被端等均是一笔带过，占整个故事的讲述不过20多分钟，直截了当，将故事以迅雷不及掩耳的速度推进下去。当观众进入故事状态时，这群被怀疑的人已被送到了密闭空间——悬崖别墅内，准备对其展开甄别，影片通过画面氛围、人物对峙等方式已将整个故事的节奏和氛围拉满。前面这些起因均为略写，因为我们的故事要的就是密室甄别，是形形色色的人在白色恐怖下的胆战心惊，人性的黑暗和扭曲在极端的氛围下又是如何展现，以及我党潜伏人员如何在危机重重、监视森严的环境中完成反甄别，甚至牺牲自己的性命完成情报的输出，从而完成最终战斗的胜利，这些才是关键，是编剧要重点刻画的内容，这里叙述得非常细致。众多特写和细节的展现，如工笔画一般徐徐展开，并运用了太多氛围的营造，不惜一切进行整个氛围的展示和情节的烘托。

当电影《风声》的主体故事拉开帷幕后，形形色色的人物便一个个登场。这些人物所涉及的情节如何取舍，即哪个人物的戏份更多、哪场戏应该浓墨重彩地渲染、哪场戏虽然短暂却暗藏玄机等等，这一切都是编剧细心编排、进行技术处理后再呈现给观众的。

周迅、张涵予以及黄晓明所扮演的角色在故事中是相互对抗的，形成整个故事的矛盾和张力，是故事的主干。李冰冰扮演的角色则是被动卷入到这场矛盾中的，有这个人物的成长的弧光。这四个人是需要重点细致刻画的。

所以，故事编排不只是故事发展，还有这些角色内心的描摹，以及极致的环境是如何造成他们内心的变化和起伏的。这种内心的变化外化成角色各自的行动，又将反作用于整个故事的发展。这是故事主干的延展，和故事的目的息息相关。而其他作为陪衬或混淆视听的人物则只留几场精彩的让人过目不忘的桥段即可，只要观众记得某个画面或者人物的形象，甚至觉得这个人物的死让环境变得更加极致便是完成了这些配角的戏剧任务了。

《听风者》与《风声》虽是同一类型的电影作品（皆为谍战片），却是完全不同的取舍。《风声》讲述的是在困局中的我党潜伏人员，《听风者》则更多的是情报人员如何完成截获情报的工作以及他们的生活日常。

《听风者》故事情节节奏舒缓，着重刻画人物内心的变化。于是几场正面战场的故事就没有着墨刻画了，而是进行了取舍，有一到两场的紧张正面对抗的戏，渲染到位即可。在后方的情报破译工作以及他们生活的地方、日常以及他们超人的能力和破译密码的手段，都做了浓墨重彩的刻画。所以，我们可以看到神秘部队701整个自然环境和工作环境、内部工作方式、主人公的性格特点以及在工作中所施展的才华。同样的谍战戏不同的诉求，二者给人的感受便完全不一样，这就是主题不同取舍不一样，详与略的布排达到最终呈现的效果。

我们再来看看生活剧。青春校园题材一直是年轻人较为喜爱的题材，早期如《十六岁的花季》《花季雨季》《十七岁不哭》等，为了表现青春期少男少女的心态以及他们成长经历的困境，都用了大量的篇幅去描写校园，家庭的戏少之又少。有些影视剧几乎忽略了家庭，忽略了父母这一条支线，如此也深得当时少男少女们的心，赢得了他们的共鸣。细节是为主题服务的，细节的取舍更是与主题息息相关的，而主题的目的是为了给观众去看，为了受众的需求，所以万变不离其宗，目的还是为了服务你需要服务的对象。近几年，同样描写学生中考、高考准备的戏，如《小欢喜》《小别离》等，主题完全不一样了，所以视角也不一样了，家长成了主角，从而整体的故事取舍、详略也完全不一样，家庭成了主战场。如此，受众也从青少年转为了四十岁左右的父母。

桌子底下的炸弹——"钩子"的妙用

有一次，笔者和几个朋友一同玩的桌游是一个悬疑推理类的故事，而在故事的关键时刻出现了一个桥段。在故事中，笔者所在的别墅内有一颗正在倒计时的炸弹，此时门窗皆被锁上，出去是不可能的，大家必须在规定时间通过线索找到它，才会幸免于难。NPC（非玩家角色）开始计时了，我们玩得非常投入，一时间慌了神，短暂的混乱之后，我们开始悉心寻找线索，节奏和气氛一下子紧张起来。

你看，仅仅是一个游戏中一颗即将要爆炸的炸弹就能让整个气氛变得紧张起来。

看古典名著《三国演义》时会发现，其实真正可怕的是两军对垒之前的排兵布阵以及等待，那是即将要发生的决战之前的倒计时。它和上文提及的炸弹有异曲同工之妙，是一个让气氛紧张起来的"钩子"，节奏也会因此而加速起来。

影视剧创作经常会用到这样的桥段。

在战争片中，可能是一颗定时炸弹，可能是一次瞄准等待的刺杀，可能是一场即将开展的埋伏。在生活剧中，有可能是他正在寻找即将登机的她，她即将离去，他是否能在最后一刻截下将要离开这个城市的她。有可能是在收拾房间时，即将要发现妻子的一个秘密。也有可能是绝症的主角需要面对的最后一段时光……

几乎所有的好莱坞超级英雄片，无论是蜘蛛侠还是美国队长，或者是雷神，总是能在最后一秒完成拯救城市、拯救人类的大事，这便是运用了"炸弹"效应。当蜘蛛侠用自己的超能力去挡住即将要冲出铁轨的载满乘客的地铁，观众的心已经跟着声嘶力竭的蜘蛛侠一起揪了起来，担心蜘蛛侠能否完成最后一秒的拯救。事实上，每个观众应该都能知道，蜘蛛侠是可以完成的，因为蜘蛛侠是主角，有主角光环的，但即便如此，这样的桥段依然可以拉满危机，让观众去担心，可见"钩子"的魅力所在。

当然这不是欧美电影的专利，我们的红色老电影《永不消逝的电波》的结尾，也同样运用了这样的方式。敌人已经锁定秘密电台的发报位置，当男主角此时必须要将重要信息通过电报发回延安时，敌人追击过来……

会讲故事的人都这么讲

在紧张的氛围中整部电影结束了，男主角也在这场戏中被捕牺牲。尽管我们没有看到男主角就义的场景，甚至都没有看到他被抓捕的画面，只是那些敌人破门而入以及男主角横眉冷对的特写，但紧张的氛围渲染了男主角的壮烈。我们从男主角淡定从容中动容了，为其坚定的信仰所感动、所敬仰，一个临危不乱、视死如归的革命者形象被鲜活地塑造了出来。

香港早期的警匪片更是将"桌子下的炸弹"一用再用，乐此不疲，好似万金油一般，屡试不爽。不管是《鼠胆龙威》还是《给爸爸的一封信》或是《中南海保镖》等，不管是剪线拆炸弹还是寻找炸弹真实的位置，都会令观众紧张起来。这种短时间内的倒计时，令所有人为之紧张，并极其期待获得最后的结果。武侠电影《龙门飞甲》也同样运用了风沙在规定时间内掩去沙漠神秘王城的时效性来进行故事倒计时，虽然方式不同，但效果却是一样的。

但我们投下钩子，是否真的需要在最后给出结果呢？也不尽然，有时候我们需要的就是这个钩子带给我们和听众之间的交流、氛围，如此便达到我们的目的了。

就好比读书过程中，我们的老师在班会上会提出一个疑问，却并没有给出答案，或者这个疑问根本没有答案。你会发现老师会提出另外一个疑问，这个疑问也许比前一个更加具有吸引力，于是大家都忘记了前面的疑问，转移了话题，从而也就放弃了前面那个钩子。气氛有了，却不需要给任何答案，这个方式尤其在高考或中考的动员大会上适用。

早期的琼瑶电视剧《一帘幽梦》中，绿萍深爱楚廉，而楚廉真正爱的却是绿萍的亲妹妹紫菱。这一天，紫菱和楚廉商量好了，要向姐姐坦白这一切。看到这里，几乎所有的观众都在等待楚廉将这一消息曝光后绿萍的反应，绿萍将如何面对紫菱，紫菱又将如何应对绿萍，这将是一触即发的大战。但是编剧并没有让这场"战争"发生，在楚廉骑着摩托载着绿萍前往郊外即将说出真相时，一场车祸降临了，绿萍的生命危在旦夕，楚廉也不可能再沿着原先的计划将真相说出去，观众此时还关心原先的"钩子"吗？绿萍的生命是编剧下的另一个"钩子"，比前一个"钩子"显然更具有吸引力、更具有危机性。到这里，观众已经完全放弃了前一个钩子带来的效应，如此也就圆满地完成了对观众的解答，即不需要解答。

当然，随着电视剧的发展，最终这一切还是被戳破了，这便涉及我们即将要讨论的另一个话题。当问题抛出来之后，如何将问题运用到淋漓尽致，而不是"吐一时之快"。

问题绝对不能迎刃而解——延宕的技巧

因为绿萍生命垂危，导致楚廉没有办法把真相说出来，因此问题也被搁置下来。观众和剧中人物都在想，等绿萍脱离生命危险、出了院之后，理清一切尚不为迟，再告诉绿萍真相也没有关系。然而编剧并没有给剧中人物这个机会，绿萍因为车祸失去了一条腿，她是一名舞蹈家，失去了腿便是失去生命。这个时候楚廉再心狠，也不忍让绿萍再失去爱情，哪怕这份爱情不是真实的、是虚幻的，他也无法说出来。绿萍不能再受刺激了，他决定将错就错娶绿萍，因此问题再度搁置下来……

这个问题几乎跨越了电视剧《一帘幽梦》整部戏的三分之一，后面的故事是紫菱遇到了费云帆，前往法国结婚定居，过了一段幸福而平静的生活。她回到国内才发现，绿萍已经知晓了曾经的一切，于是，问题再度爆发了。

问题没有迎刃而解，而是随着情节的推进变得更加激烈，牵扯进来的人物更多，变得更加不可收拾。善意的隐瞒（对于楚廉和紫菱而言，主观上是出自善良）破坏了绿萍的整个人生，编剧也顺利地将故事进行了延宕，同时也激化了矛盾，上升到另一个层面的破坏。

其实影视剧创作中，当编剧提出问题、制造了矛盾之后从来都不是迎刃而解的，不是不可以而是编剧刻意为之，通过种种方式阻碍问题的解决，推动戏剧的节奏，让节奏延宕下去，形成多个小的风波、小的矛盾冲突，最后再将问题推到高潮进行解决，扣人心弦。从《一帘幽梦》可以看到这一点，从我国古代众多的传统戏曲也可以看到这一点。

在某平台很火的歌曲《武家坡》出自京剧《红鬃烈马》，讲述的是当了王的薛平贵回到寒窑见自己的糟糠之妻——等了自己18年的王宝钏。可以看到，唱词中运用了很多语言技巧和叙事手段，将两人相认做了重重阻碍，如此不但将问题激化，同时也表现出了两个人的性格以及对爱情的态度。在故事的延宕中，我们可以细细品味两人内心细小的状态和转变。而像黄梅戏《女驸马》中，女主角为了自己青梅竹马的未婚夫，女扮男装去参加科举，成为状元后又被招为驸马，《洞房》一折让女驸马与公主对谈，节奏极为有张力。唱词中，也通过人物心理的描摹，让女驸马无法直接说出自己是女儿家的身份，在和

会讲故事的人都这么讲

公主的对谈中，一点一点将故事推到了极限，一大段唱词"我本闺中一钗裙"最终将节奏烘托至矛盾的爆发，也将矛盾推到了顶点。

戏曲因为受场地的制约，表现形式的单一，很多时候是通过语言来进行情节的延宕，这一点和"讲故事"极为类似。如何通过语言进行情节的延宕，可以向戏曲学习，找到延宕的节奏感，通过语言来把控，将欲说未说的真相隐藏起来，直至推动情绪至最高点，压力满时再放开，以达到讲述的目的。

还有一种解决方案，也在影视剧经常用到，"讲故事"也可套用，即"顾左右而言它"。《一帘幽梦》中，单看楚廉公开秘密这一段，其实已在"顾左右而言他"，但是后面的危机也是前面"钩子"的生发，所以看起来并不明显，很多影视剧利用了插叙或者多线条叙事，完美地诠释了什么是"顾左右而言它"。

群像群戏的电视剧《欢乐颂》以几个女孩的友谊为主线，讲述一群在上海拼搏女孩的互帮互助的情感故事。在樊胜美这条线上，我们可以清楚地厘清她的危机和节奏，但樊胜美与王柏川这对恋人，对彼此生活窘态的隐瞒，一直像一个"钩子"一样勾住了观众，大家都知道他们俩都已知晓彼此的真实情况，而只是彼此隐瞒着，观众想看到的是他们揭穿的那一幕，但故事迟迟因为其他情节的介入，将这一"钩子"静静地放下，让你等待、等待、再等待。

当两人再度因故事产生交集时，观众的心是悬着的，两人即将要戳穿时，又通过技巧掩饰过去，随之进入另一个情节链条的发展中。故事再度被搁置，像挠痒痒，一次不给足观众结果，因此而产生情绪堆积，变成极其强大的吸引力，观众也会跟着编剧继续看下去。

影视剧编剧为了勾住观众，少不了要用一些心思，无论是情感钩子还是事件钩子，都不可能即时给予结果，会尽量在观众期待中，将故事推到一个顶点，再释放所有能量。《欢乐颂》如此，作为 TVB 的众多情节剧也是如此，《义海豪情》中的刘醒如何救出被关押在集中营并生病的九姑娘便不会一帆风顺，还另加了一个倒计时——九姑娘的病情越来越严重。一方面是必须要解救，迫在眉睫；另一方面困难重重，一时半会根本没有头绪。如此不对等的参差感，会让观众与剧中人物一起焦虑，一起紧张起来。

生活中，任何物品轻快地得到的，一般不会觉得珍惜。孩子的玩具，如果很容易拿到，很可能玩了一会儿就丢到一边了。但是他通过努力，追求得到的玩具，往往会很珍惜，就是有了情感的共鸣和追求的成本。影视剧也是如此，讲故事更是如此，如何加深印象，如何让对方记住我们所要传达的点，做好延宕，是很好地让对方珍惜的方式，也是让对方加深印象的一个最好的办法。

当然，我们要知道，待人要真诚，不管是讲故事的情节、节奏、诉求，我们虽然运用技巧，但是感情必须是真实的、真诚的。我们喜欢的影视剧也是如此，有生命力的影视剧必然是真诚的，情感是可以引发共鸣的，所以真诚才是真正的制胜法宝，请用心说话。